21 世纪中等职业教育特色精品课程规划教材
中等职业教育课程改革项目研究成果

汽车电工电子基础

主　编　　王海涛　　王忠良
编　委

王鹏举	王海涛	王忠良	郑　铉
刘　猛	张立飞	张　云	马一飞
赵艳宏	李玉梅	鲁世金	文　方
何高俊	刘　哲	高　渠	刘冬梅
洪兴丽	陈修山		

北京理工大学出版社
BEIJING INSTITUTE OF TECHNOLOGY PRESS

内 容 简 介

本书主要讲述了汽车运用与维修专业课程的基础内容，选取电工和电子技术知识中最基本的概念、技能及其在汽车上应用的内容，着重培养学生具有识读电路、测试元件和连接线路的能力。

本书侧重于基本理论知识的讲解，紧扣汽车电气设备，注重实践环节，适合中等职业技术学校学生使用，也可用作从事汽车行业生产和维修的技术工人的培训教材及其自学参考书。

图书在版编目（CIP）数据

汽车电工电子基础 / 王海涛，王忠良主编. —北京：北京理工大学出版社，2021.6 重印

ISBN 978-7-5640-3100-8

Ⅰ．①汽…　Ⅱ．①王…②王…　Ⅲ．①汽车 – 电工 – 技工学校 – 教材 ②汽车 – 电子技术 – 技工学校 – 教材　Ⅳ．① U463.6

中国版本图书馆 CIP 数据核字（2010）第 047057 号

出版发行 / 北京理工大学出版社有限责任公司
社　　址 / 北京市海淀区中关村南大街 5 号
邮　　编 / 100081
电　　话 / （010）68914775（总编室）
　　　　　（010）82562903（教材售后服务热线）
　　　　　（010）68948351（其他图书服务热线）
网　　址 / http://www.bitpress.com.cn
经　　销 / 全国各地新华书店
印　　刷 / 定州市新华印刷有限公司
开　　本 / 787 毫米 × 1092 毫米　1/16
印　　张 / 6.25
字　　数 / 160 千字
版　　次 / 2021 年 6 月第 1 版第 21 次印刷　　　　　　　　　　责任校对 / 周瑞红
定　　价 / 20.00 元　　　　　　　　　　　　　　　　　　　　责任印制 / 边心超

前　言

　　本 书是根据教育部最新颁布的中等职业学校汽车运用与维修专业课程设置中对汽车电工电子基础的教学要求编写的。

　　随着我国汽车工业的迅速发展，对有关汽车专业人才的需求，特别是对汽车使用、保养、维修等专业人才的需求与日俱增。本书针对中等职业教育的特点，注重理论与实际应用的有机结合，选取电工和电子技术知识中最基本的概念、技能及其在汽车上应用的内容，着重培养学生具有识读电路、测试元件、连接线路的能力。

　　本书侧重于基本理论知识的讲解，紧扣汽车电气设备，注重实践环节，适合中等职业技术学校学生使用，也可用作从事汽车行业生产和维修的技术工人的培训教材及其自学参考书。

　　本书在编写过程中参考了有关文献、资料，在此谨对作者表示衷心的感谢。

　　由于时间和能力所限，对本书存在的疏漏与差错，恳请广大读者谅解与指正。

编　者

目　　录

第一章

读识基本电路图

本章概述

电在人们日常生活中已成为必不可少的元素，电气设备在汽车上的使用也越来越多。所以，了解电的基础知识，学会读识汽车电路图，是每位学生必须掌握的基本内容。

教学目标

1. 知道电路的基本概念及电路的形成，会读识汽车电路图。
2. 了解电路的基本定律。

＊　＊　＊　＊　＊　＊　＊　＊　＊　＊

第一节　基本电路的认识

一、电路的基本概念

1. 电路的定义

电路是电流所流经的路径。

2. 电路的基本组成

（1）电源　电源是供给电能的装置，它将其他形式的能量转换成电能。如：铅蓄电池将化学能转换为电能；发电机将机械能转换为电能。

（2）负载　负载指的是用电的装置或设备，它将电能转换为其他形式的能量。如：汽车起动机将电能转换为机械能；汽车灯泡将电能转换为光能和热能；汽车电喇叭将电能转换为声能等。

（3）中间环节　简单电路的中间环节由连接导线、开关等组成，而复杂电路的中间环节是由各种控制设备、监测仪表等组成的网络。电源接在它的输入端，负载接在它的输出端。

图1-1所示为汽车照明电路实物图；图1-2所示为汽车照明基本电路图。

图 1-1　汽车照明电路实物图

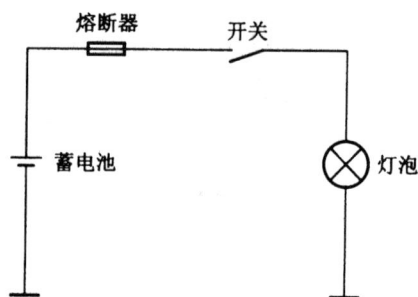

图 1-2　汽车照明基本电路图

二、电路的相关物理量

1. 电流的定义及其基本概念

（1）电流的定义　电荷的定向移动即形成电流。

（2）电流的分类　电流可分为直流电流和交流电流两大类。

凡大小和方向不随时间变化的电流称为直流电（记作 DC）；凡是大小和方向随时间变化的电流称为交流电（记作 AC）。

单位时间内通过导体横截面的电量称为电流，用字母 I 表示。若在 t 时间内通过导体横截面的电荷量为 Q［单位是库仑（C）］，那么电流的计算公式为

$$I = \frac{Q}{t}$$

电流的基本单位是安培（A），常用的电流单位还有毫安（mA）、微安（μA）等，它们之间的换算关系如下

$$1\ A = 10^3\ mA$$

$$1\ mA = 10^3\ \mu A$$

（3）电流的方向　通常规定，正电荷运动的方向为电流的方向。在金属导体中电流的方向与自由电子运动的方向相反；在电解液中电流的方向与正离子运动的方向相同，与负离子运动的方向相反。

实际电路中的电流大小可以用电流表来测量。测量时必须把电流表串联在被测电路中，并使电流从表的正极流入，负极流出，如图 1-3 所示。

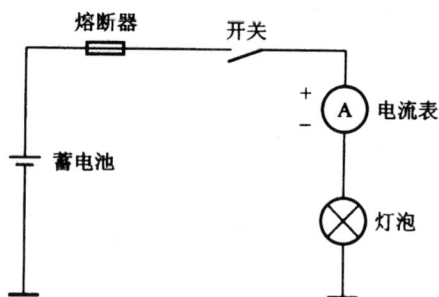

图 1-3　电流的测量

2. 电压和电位

（1）电压　电压是衡量电场做功本领大小的物理量。电场力把正电荷从 A 点移到 B 点所做的功 W_{AB} 与被移动电荷量 Q 的比值称为 A、B 两点间的电压，记作 U_{AB}。用公式表示如下

$$U_{AB} = \frac{W_{AB}}{Q}$$

电压的基本单位是伏特（V），除此之外，常用的电压单位还有千伏（kV）、毫伏

（mV）等，它们之间的换算关系如下

$$1kV = 10^3 V$$

$$1V = 10^3 mV$$

电压的方向规定为从正极指向负极，负载中电压的方向与电流方向一致。

直流电路中电压的大小可以用直流电压表测量。使用直流电压表时，应把它并联在被测电路的两端，并且电压表的正极接电源的正极端，电压表的负极接电源的负极端，如图1-4所示。

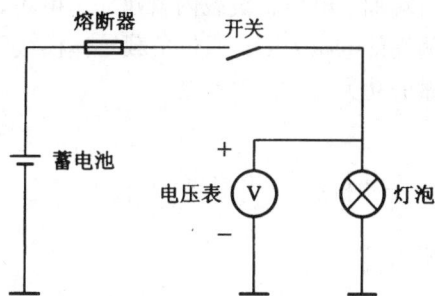

图1-4　电压的测量

小棉囊

在分析电路时，有时需要研究电路中各点电位的高低。为了求出电路中各点的电位值，必须在电路中选择一个参考点，参考点的电位规定为零。在实际电路中常以机壳或大地作为公共参考点，即以机壳或大地作为零电位，用符号⊥表示。

电路中某点 A 与参考点之间的电压就称为该点的电位，用 V_A 表示。

（2）电位　电位的单位与电压的单位相同。

电路中任意两点间的电压就是该两点的电位之差。关系如下：

$$U_{AB} = V_A - V_B$$

电位是相对量，随参考点的改变而改变。电压是绝对量，与参考点的改变无关。

3. **电动势的基本概念**

电动势是衡量电源将非电能转换成电能本领的物理量。在电源内部，外力把单位正电荷从电源负极移到电源正极所做的功，称为电源电动势，用字母 E 表示。若外力将电荷量 Q 从负极移到正极做的功是 W_E，则电动势用公式表示为

$$E = \frac{W_E}{Q}$$

电动势的方向规定：在电源内部由负极指向正极。

小棉囊

电动势和电压的区别

●电动势与电压具有不同的物理意义。电动势表示非电场力（外力）做功的本领，而电压则表示电场力做功的本领。

●电源既有电动势又有电压。但电动势仅存在于电源内部，而电压不仅存在于电源内部，还存在于电源外部。电源的电动势在数值上等于电源两端的开路电压（即电源两端不接负载时的电压）。

●电动势与电压的方向相反。电动势是从低电位指向高电位，即电位升的方向；而电压是从高电位指向低电位，即电位降的方向。

4. **电能和电功率**

（1）电能　起动机启动发动机，将电能转换为机械能；充电机向蓄电池充电，将电能

转换为化学能；电流通过灯泡，将电能转换为光能和热能；等等。这一切表明，在用电负载两端加上电压，负载内就建立了电场。电场力在推动自由电子定向移动中要做功。如果负载两端的电压为 U，通过负载导体横截面的电荷量为 Q，那么，由电压的定义可知，电场力所做的功为

$$W = QU$$

由于

$$Q = It$$

所以

$$W = UIt$$

式中　　W——电功，单位为 J；

　　　　U——电压，单位为 V；

　　　　I——电流，单位为 A；

　　　　t——通电时间，单位为 s。

电流通过用电负载做功的过程，实际上是电能转化为其他形式能量的过程。

实际应用中，电功的单位常用千瓦时（kW·h）表示，1 kW·h 电功也就是人们常说的 1 度电。

$$1 \text{ 度} = 1 \text{ kW·h}$$
$$= 1\,000 \text{ W} \times 3\,600 \text{ s}$$
$$= 3.6 \times 10^6 \text{ J}$$

（2）电功率　电流在单位时间内所做的功称为电功率，简称功率，用字母 P 表示，单位是瓦特，简称瓦（W），即

$$P = \frac{W}{t} = UI$$

可见，负载上的电功率与负载两端的电压和负载中的电流成正比。

电功率的单位还有千瓦（kW）、毫瓦（mW）等，它们之间的换算关系如下

$$1\text{kW} = 10^3 \text{W}$$
$$1\text{W} = 10^3 \text{mW}$$

例 1-1　某电度表标有"220 V、5 A"的字样，问这只电度表最多能带 220 V、60 W 的灯多少盏？若这些灯每天使用 2 h（小时），一个月（按 30 天计算）该电度表显示消耗了多少千瓦时的电能？

解：电度表允许的最大功率为

$$P = UI = 220 \times 5 \text{ W} = 1\,100 \text{ W}$$

电度表最多可带 220 V、60 W 灯的数量为

$$n = \frac{P}{P_1} = \frac{1\,100}{60} \approx 18 \text{ 盏}$$

18 盏灯一个月的耗电量为

$$W = Pt = 18 \times 60 \times 10^{-3} \times 2 \times 30 \text{ kW·h}$$
$$= 64.8 \text{ kW·h}$$

三、电阻的基本概念

电荷在导体中运动时，要受到分子和原子的碰撞和摩擦，也就是对电流呈现阻碍作用。物体对电流的阻碍作用称为该物体的电阻，用字母 R 表示。电阻的基本单位是欧姆（Ω），常用的电阻单位还有千欧（$k\Omega$）和兆欧（$M\Omega$）等，它们之间的换算关系如下

$$1\ M\Omega = 10^3\ k\Omega$$

$$1\ k\Omega = 10^3\ \Omega$$

导体的电阻是客观存在的，与电压无关。实验证明，在一定温度下，导体的电阻 R 与它的长度 L 成正比，与它的横截面积 A 成反比，且与导体的材料有关。用公式表示为

$$R = \rho\frac{L}{A}$$

式中　　ρ——导体的电阻率，单位为 $\Omega \cdot m$。

ρ 值与导体的几何形状无关，而与导体材料的性质和导体所处的条件（如环境温度）有关。在一定温度下同一种材料的 ρ 值是一个常数，不同材料的 ρ 值不同。导体的电阻与温度有关，通常用温度系数反映电阻随温度变化的情况。所谓温度系数是指温度升高 $1^\circ\!C$ 时，电阻的增量与原来电阻值的比。常用材料的温度系数见表 1-1。

表 1-1　常用材料的电阻率和电阻温度系数

材料名称	电阻率 ρ/ $(\Omega \cdot m)$	电阻温度系数 α/ $(1/^\circ\!C)$
银	1.6×10^8	0.003 6
铜	1.7×10^8	0.004
铝	2.9×10^8	0.004
钨	5.3×10^8	0.002 8
铁	10×10^8	0.006
碳	35×10^8	−0.000 5
锰铜	44×10^8	0.000 005
康铜	50×10^8	0.000 005

1. 串联电路

两个或两个以上的电阻首尾依次相接，中间无分支的连接方式称为电阻的串联电路，如图 1-5 所示。

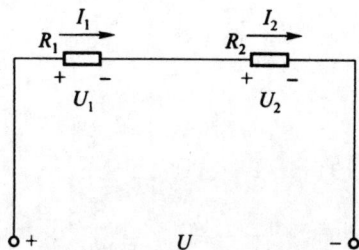

图 1-5　电阻的串联电路

🎯小锦囊

串联电路的特点

• 流过每个电阻的电流相等，并等于总电流，即

$$I = I_1 = I_2 = \cdots = I_n$$

• 电路两端的总电压等于各电阻两端的电压之和，即

$$U = U_1 + U_2 + \cdots + U_n$$

• 电路的总电阻（等效电阻如图1-6所示）等于各电阻之和，即

$$R = R_1 + R_2 + \cdots + R_n$$

电阻串联后，总电阻增大，并大于其中任何一个电阻。

• 各电阻上的电压与它们的阻值成正比，即

$$U_1 = I_1 R_1 \, ; \quad U_2 = I_2 R_2 \, ; \quad \cdots ; \quad U = IR$$

由上式可得到电阻串联的分压公式为

$$U_n = \frac{R_n}{R_1 + R_2 + \cdots R_n} U$$

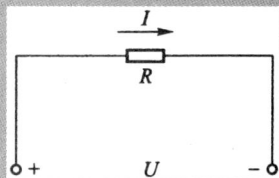

图1-6 等效的串联电路

2. 并联电路

两个或两个以上的电阻首与首、尾与尾分别接在电路两点之间所构成的电路称为并联电路，如图1-7所示。

并联电路有以下特点：

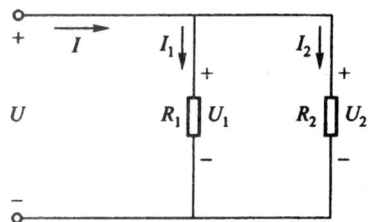

图1-7 电阻的并联电路

🎯小锦囊

并联电路的特点

• 各电阻两端的电压相等，并等于总电压，即

$$U = U_1 = U_2 = \cdots = U_n$$

• 总电流等于流过各电阻分电流之和，即

$$I = I_1 + I_2 + \cdots + I_n$$

• 总电阻（等效电阻如图1-8所示）的倒数等于各分电阻的倒数之和，即

$$\frac{1}{R} = \frac{1}{R_1} + \frac{1}{R_2} + \cdots + \frac{1}{R_n}$$

由上式可得到两个电阻并联的等效电阻公式为

$$R = \frac{R_1 R_2}{R_1 + R_2}$$

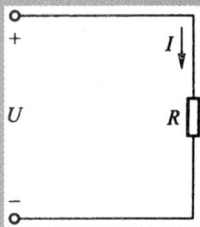

图1-8 等效的并联电路

n 个阻值相同的电阻并联，其等效电阻公式为

$$R = \frac{R_1}{n}$$

电阻并联后，总电阻减小，并小于其中任何一个电阻。
● 每个电阻分配到的电流与它的电阻值成反比，即

$$I_1 R_1 = I_2 R_2 = \cdots = I_n R_n = IR = U$$

由上式可得到两个电阻并联的分流公式为

$$I_1 = \frac{R_2}{R_1 + R_2} I$$

$$I_2 = \frac{R_1}{R_1 + R_2} I$$

在一个电路中，若既有电阻的串联，又有电阻的并联，则这种电路称为电阻的混联电路。对于电阻的混联电路，可以根据电阻串、并联的特点，应用欧姆定律来求解。

3. 电气设备的额定值和电路的状态

（1）电气设备的额定值　由于构成电气设备的导线存在电阻，所以电气设备在工作时要发热，为了使电气设备工作时的温度不超过限度，各生产厂家对其生产的电气设备都规定了连续工作时允许通过的最大电流，这个电流就称为额定电流，用字母 I_N 表示。

为了限制电气设备中的电流和保证绝缘材料的绝缘性能，生产厂家还对其产品规定了工作电压，称为额定电压，用 U_N 表示。

用电设备的工作电压如果比额定电压高或低，用电设备都不能正常工作，有时还有可能造成用电设备的损坏。

对电阻性负载而言，电气设备的额定电流和额定电压的乘积就是它的额定功率，关系如下

$$P_N = U_N I_N$$

电气设备的额定电流、额定电压、额定功率等，统称为电气设备的额定值。

（2）电路的状态　电路可能出现的状态有三种，即通路状态、断路状态和短路状态。

小锦囊

● 通路状态　即有载工作状态，只要电路中的开关闭合，负载中就有电流通过。在这种状态下，电源端电压与负载电流的关系可用电源的外特性确定。根据负载的大小可分为满载、轻载和过载三种情况，如图1-9所示为电路通路状态。
● 断路状态　即电源两端或电路中某处断开，电路中没有电流通过，电源不向负载供电，如图1-10所示。

负载断路时电源端电压等于电源电动势，即

$$I_{断} = 0$$

$$U_{断} = E$$

利用这一原理可用高内阻的电压表来粗略测量电源的电动势。
● 短路状态　即电源未经负载而直接由导体接通构成闭合回路，如图1-11所示。

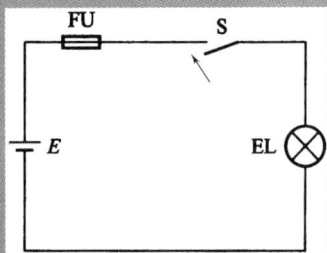

图1-9 电路通路

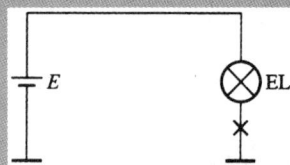

图1-10 断路电路

当电源两端被短路时，外电路的电阻接近为零，电源的内电阻 r 又很小，因而电源中将通过极大的电流，称为短路电流，用 I_{SC} 表示。其值为

$$I_{SC} = \frac{E}{r}$$

电源两端的电压 $U=0$ 短路时，电源中极大的电流将使电源和导线发热而烧毁。

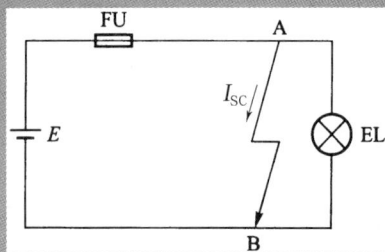

图1-11 短路状态

四、电容器的相关概念

1. 电容器与电容量

（1）电容器 电容器由用绝缘物质隔开的两个导体组成。组成电容器的导体称为极板，隔离两极板的绝缘物质称为介质。在电路图中电容器用符号"⊣⊢"表示。电容器具有储存电荷的能力，如图1-12所示。

当把电容器与直流电源相接时，在电场力的作用下，电容器的两块极板就分别带上了等量的异种电荷。反映电容器储存电荷能力的物理量称为电容量，用字母 C 表示。电容器的电容量 C 等于它的任一极板所带电荷量 Q 与加在电容器两端电压 U 的比值。即

$$C = \frac{Q}{U}$$

（2）电容量 电容量的单位是法拉，简称法，用字母 F 表示。常用的单位还有微法（μF）和皮法

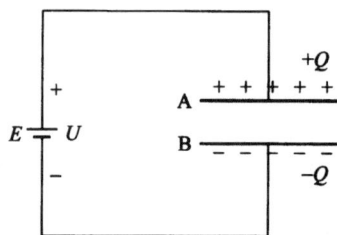

图1-12 电容器储存电荷示意图

（pF）等。

它们之间的换算关系如下

$$1 \ F = 10^6 \ \mu F$$

$$1 \ \mu F = 10^6 \ pF$$

电容器的参数主要有电容量及其误差范围、耐压值等，通常都标在电容器的外壳上。耐压也称为额定工作电压，指电容器长期工作能承受的最大电压。

知识库

电容器的种类

常见的电容器外形及符号如图 1-13 所示。

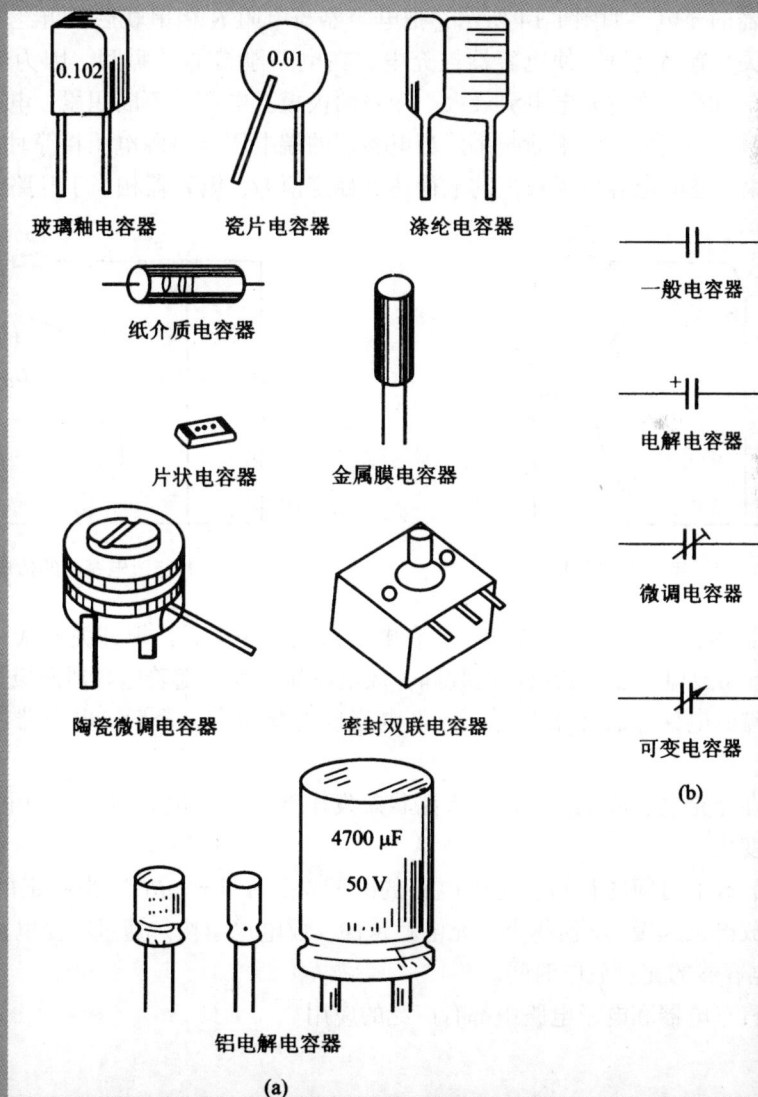

（a）外形；（b）符号

图 1-13　常见电容器的外形及符号

2. 串联和并联电路的等效电容量

（1）串联　每个电容器上的电荷 Q 相等，因此，每个电容器上的放电电压之和等于总电压；等效电容量 C 的倒数等于每个电容器电容量的倒数之和。即

$$U = U_1 + U_2 + \cdots + U_n$$

$$\frac{1}{C} = \frac{1}{C_1} + \frac{1}{C_2} + \cdots + \frac{1}{C_n}$$

（2）并联　每个电容器上的电荷相加等于并联电路内的总电荷，因此，每个电容器两端的电压相等；等效电容量 C 等于每个电容器的电容量之和。即

$$U = U_1 = U_2 = \cdots = U_n$$

$$C = C_1 + C_2 + \cdots + C_n$$

3. 电容器的充电和放电

（1）电容器的充电　如图 1-14 所示，把电容器与电阻 R 相串联后，再经开关 S 接到直流电源上（开关 S 置 A 端），使电容器被充电。在电路刚接通的瞬间，因为电容器上无电荷，两端的电压为零，这时充电电流最大。随着两极板上电荷的不断积累，电容器两端的电压逐渐增大，因此，充电电流不断减小。当电容器的端电压与电源电压相等时，充电电流减到零，充电结束。此时电容器极板上的电荷达到稳定值 Q，电容器相当于开路。

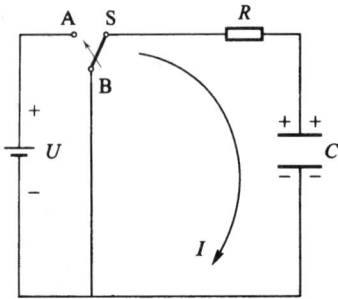

图 1-14　电容器的充电　　　　　　　图 1-15　电容器的放电

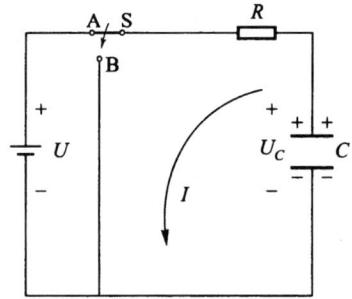

（2）电容器的放电　如图 1-15 所示，在电容器充电完毕后，把开关 S 从 A 端迅速移至 B 端，电容器开始放电。在开始放电的瞬间，放电电流最大。随着电容器两极板上电荷的不断减少，其两端的电位差就逐渐降低，放电电流也逐渐减小。最后，电容器两端电压降为零，放电结束。

因为电容器能充电和放电，所以在电路状态发生变化时，电容器两端的电压不能突变，而只能是连续变化。

电容器充、放电时间的长短，是由电路的时间常数 τ（$\tau = RC$）来确定的。τ 值越大，充电就越慢，放电也越慢；τ 值越小，充电就越快，放电也越快。通过改变电路的参数 R 或 C，便可改变电容器的充、放电时间。

电容器在汽车电器和电子电路中都有广泛的应用。

第二节 电路的基本定律

一、电路的相关名词

● 支路　电路中通过同一电流的每个分支称为支路。图1-16中共有三条支路：BAGF、BF和BCDF。

● 结点　三条或三条以上支路的连接点称为结点。图1-16中有两个结点：F点和B点。

● 回路　电路中任一闭合的路径称为回路。图1-16中有三个回路：ACDGA、ABFGA和BCDFB。

● 网孔　在回路内部不含有支路的回路称为网孔。图1-16中有两个网孔：ABFGA、BCDFB。

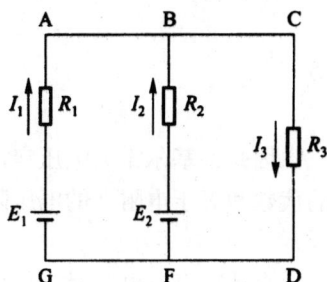

图1-16　电路举例

二、基尔霍夫定律的基本内容

1. 基尔霍夫电流定律的基本内容

基尔霍夫电流定律指出，电路中任一结点，在任一瞬间流入结点的电流$I_入$之和必定等于从该结点流出电流$I_出$之和，即

$$\sum I_入 = \sum I_出$$

例如在图1-16中，流入结点B的电流为I_1和I_2，流出结点B的电流为I_3，故得

$$I_1 + I_2 = I_3$$

或

$$I_1 + I_2 - I_3 = 0$$

因此，基尔霍夫电流定律也可表达为：在任一结点上，各电流的代数和等于零。即

$$\sum I = 0$$

一般习惯以流入结点电流为正，流出结点电流为负。

当然，在电路中由基尔霍夫电流定律得出的方程是根据电流参考方向列出的，若算得的结果为负值，说明电流的实际方向与参考方向相反。

例1-2　图1-17中各支路电流的参考方向如图所示。已知：$I_1 = 1$ A，$I_2 = -1$ A，$I_3 = 4$ A，$I_4 = -5$ A。求I_5。

解：根据基尔霍夫电流定律列出结点电流方程

$$I_1 - I_2 - I_3 + I_4 - I_5 = 0$$

所以

$$I_5 = I_1 - I_2 - I_3 + I_4 = [1 - (-3) - 4 + (-5)] \text{A} = -5 \text{A}$$

电流I_5为负值，说明I_5实际方向是流入结点。

图1-17　例1-2图

基尔霍夫电流定律还适用于广义结点，也就是电路中任用一个封闭面代表一个广义结点，则封闭面外所有电流之间的关系也同样符合基尔霍夫电流定律。

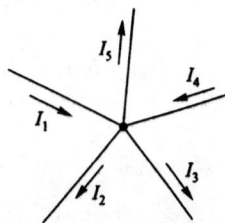

2. 基尔霍夫电压定律的基本内容

基尔霍夫电压定律指出，从电路的任意一点出发，沿回路绕行一周回到原点时，在绕行方向上，各部分电压升 $U_升$ 之和等于电压降 $U_降$ 之和，即

$$\sum U_升 = \sum U_降$$

以图1-16为例，沿ABFGA回路绕行方向，则回路中电压升是 E_1 与 R_2I_2，电压降是 E_2 与 R_1I_1，得到

$$E_1 + R_2I_2 = E_2 + R_1I_1$$

或

$$E_1 - E_2 = R_1I_1 - R_2I_2$$

因此，基尔霍夫电压定律的内容还可表述为：沿任一回路绕行一周，回路中所有电动势的代数和等于电阻上的电压降的代数和，即

$$\sum E = \sum RI$$

在计算复杂电路时，首先任选一个回路方向（顺时针方向或逆时针方向），以这个回路方向为标准，来确定电动势和电阻上电压降的正、负。当电动势方向与回路方向一致时，电动势取正号，反之取负号。当电阻上的电流方向与回路方向一致时，则电阻上的电压降取正号，反之取负号。根据这个规则对图1-16可列出回路ACDGA、ABFGA和BCDFB（均设为顺时针回路方向）的电压方程式为：

回路 ACDGA： $\qquad R_1I_1 + R_3I_3 = E_1 \qquad\qquad$ (1-1)

回路 ABFGA： $\qquad R_1I_1 - R_2I_2 = E_1 - E_2 \qquad$ (1-2)

回路 BCDFB： $\qquad R_2I_2 + R_3I_3 = E_2 \qquad\qquad$ (1-3)

用式（1-1）减去式（1-3），可得到式（1-2）结果。用基尔霍夫电压定律，可列出三个回路电压方程式，但是独立的回路方程式只有两个。如果是用网孔列出的回路电压方程，便是独立的回路电压方程式。

基尔霍夫电压定律不仅适用于闭合的回路，也适用于任何假想的回路。

例1-3 在图1-18所示的电路中，已知 $E_1 = 12\ \text{V}$，$E_2 = 9\ \text{V}$，$R_1 = 8\ \Omega$，$R_2 = 4\ \Omega$，$R_3 = 6\ \Omega$，$R_4 = 3\ \Omega$，求 U_{AB}。

解：先把ABDCA看成是一个回路，根据基尔霍夫电压定律列出

$$U_{AB} + R_4I_2 - R_2I_1 = 0$$

$$U_{AB} = R_2I_1 - R_4I_2 = \frac{R_2E_1}{R_1 + R_2} - \frac{R_4E_2}{R_3 + R_4}$$

$$= \left(\frac{4 \times 12}{8 + 4} - \frac{3 \times 9}{6 + 3} \right)\ \text{V}$$

$$= 1\ \text{V}$$

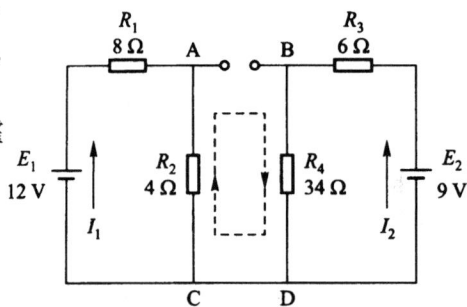

图1-18 例1-3图

三、电压源与电流源的等效变换

1. 电压源

图1-19中的电源为电池。它的电动势 E 和内电阻 R_0 从电路结构上是紧密地结合在一

起不能截然分开的。但为了便于对电路进行分析计算，可用电压源 U_S 和 R_0 串联的电路来代替实际的电源，如图 1-19（b）所示。电压源符号用 $\bigcirc \pm U_S$ 表示。

只要两个电源电路外电路上的电压、电流关系相等，两电源的外特性一致，这两个电路就等效，所以图 1-19（a）所示电路可用图 1-19（b）所示电路来等效代替。

在等效电路中，电源用一个定值的电动势 U_S 和一个内部电阻压降 IR_0 来表示，该电路称为电压源等效电路。

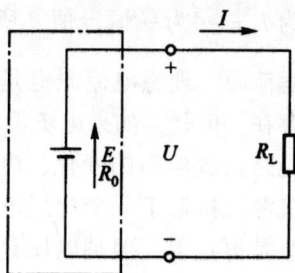

(a)

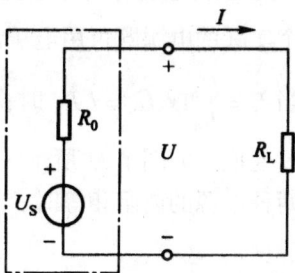

(b)

（a）电源为电池；（b）电源用电压源表示

图 1-19　电压源

在图 1-19 中，如果令 $R_0 = 0$，则有

$$U = U_S$$

因为 U_S 通常是一个恒定值，所以这种电压源称为理想电压源，又称为恒压源。理想电压源是一个具有无限能量的电源，它能输出任意大小的电流而保持其端电压不变。虽然这样的电源实际是不存在的，但是如果电源的内电阻 R_0 远小于负载电阻 R_L，则即便外电路负载电流变化，电源的端电压也基本上保持不变，故这种电源就接近于一个理想电压源，如图 1-20 所示。理想电压源的端电压是恒定值，但电流是由外电路所决定的。当负载电阻变化时，电流随之而变。

2. 电流源

电源除用电压源形式表示，还可用电流源形式表示。由图 1-19（b）可得

$$U_S = U + IR_0$$

或

$$\frac{U_S}{R_0} = \frac{U}{R_0} + I$$

上式中 $\dfrac{U_S}{R_0}$ 是电源短路电流 I_S，I 是外电路负载电流，$\dfrac{U}{R_0}$ 是电源内部被 R_0 分去的电流 I_i，则

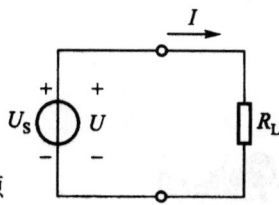

图 1-20　理想电压源

$$I_S = I_i + I$$

根据上式，可做出电源的另一种等效电路。如图 1-21 所示。

对外电路来说，图 1-19 和图 1-21 所示的两个电路的端电压 U 和电流 I 完全一样，只是把电源改用一个电流 I_S 和内电阻分流 I_i 来表示，这种等效电路称为电流源等效电路。

在电流源中，如果令 $R_0 = \infty$，则

$$I = I_S$$

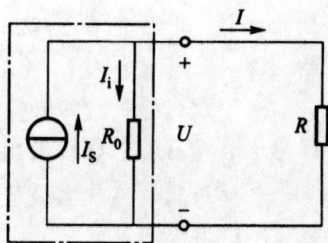

图 1-21　电流源

因为 $I_S = \dfrac{U_S}{R_0}$ 为一恒定值，所以这种电流源称为理想电流源，又称为恒流源。理想电流源也是一个具有无限能量的电源，实际上并不存在。但是，如果电流源的内电阻 R_0 远大于负载电阻 R_L，随着外电路负载电阻的变化，电流源输出的电流几乎不变，那么这种电流源就接近于一个理想电流源，如图 1-22 所示。理想电流源的电流是恒定值，但端电压是由外电路所决定的。当负载电阻增大时，端电压随之增大。

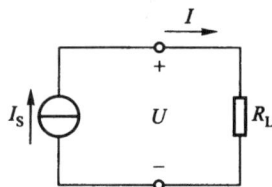

图 1-22　理想电流源

3. 电压源与电流源的等效变换

一个实际的电源既可用电压源表示，也可用电流源表示。从电压源和电流源表达式比较可知，当 $I_S = \dfrac{U_S}{R_0}$ 或 $U_S = I_S R_0$ 时，这两种电源的外特性相同，都为一条直线，因此它们之间可以等效变换，如图 1-23 所示。

当两种电源的内阻相等时，只要满足以下条件

$$I_S = \frac{U_S}{R_0}$$

或

$$U_S = I_S R_0$$

电压源与电流源之间就可以等效变换。

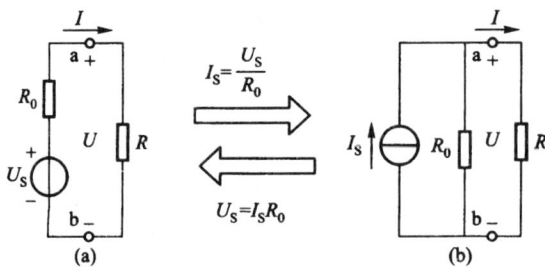

（a）电压源；（b）电流源

图 1-23　电压源与电流源的等效

电源进行等效变换的注意事项

● 电压源和电流源的等效变换是对外电路等效，即对外电路的端电压 U 和电流 I 等效，对电源内部并不等效。例如，当外电路开路时电压源中无电流，而电流源内部仍有电流。

● 等效变换时对外电路的电压和电流的大小、方向都不变。因此，电流源的电流流出端应与电压源的电压正极相对应。

● 理想电压源和理想电流源之间不能进行等效变换，因为当 $R_0 = 0$ 时，电压源换成电流源，I_S 将变为无穷大。当 $R_0 = \infty$ 时，电流源换成电压源，U_S 将为无穷大，它们都不能得到有限值。

● 等效变换时，不一定仅限于电源的内阻。只要在理想电压源电路上串联有电阻，或在理想电流源的两端并联有电阻，则两者均可进行等效变换。

例1- 4 将图1-24中三个电路的电压源等效变换为电流源，电流源等效变换为电压源。

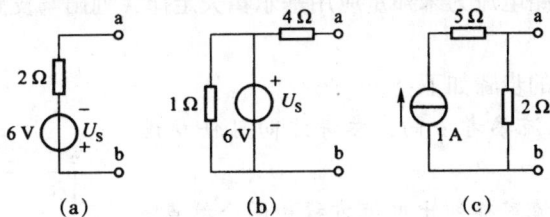

图1-24 例1- 4 图

解：（1）图1-24（a）所示电路的等效变换如图1-25所示。

$$I_S = \frac{6}{2} = 3 \text{ A}$$

$$R_0 = 2 \text{ Ω}$$

（2）图1-24（b）所示电路的等效变换如图1-26所示。

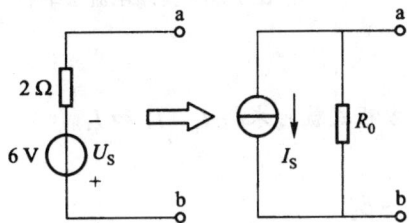

图1-25 例1- 4 （a）图的等效变换

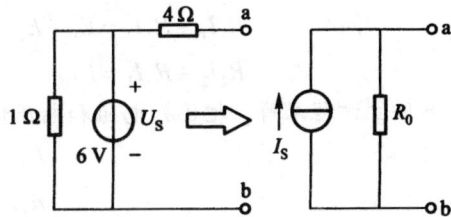

图1-26 例1- 4 （b）图的等效变换

图中阻值为1 Ω的电阻不影响理想电压源的电压，等效变换时可以移去，将1 Ω电阻开路。

$$I_S = \frac{6}{4} = 1.5 \text{ A}$$

$$R_0 = 4 \text{ Ω}$$

（3）图1-24（c）所示电路的等效变换如图1-27所示。

$$U_S = (1 \times 2) \text{ V} = 2 \text{ V}$$

$$R_0 = 2 \text{ Ω}$$

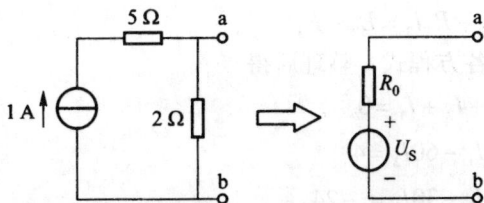

图1-27 例1- 4 （c）图的等效变换

图中阻值为 5 Ω 的电阻不影响理想电流源的电流，等效变换时也可移去，将 5 Ω 电阻短路。

四、支路电流法的基本内容

支路电流法是以支路电流为未知量应用基尔霍夫定律，列出与支路电流数目相等的独立方程式，联立求解。

用支路电流法解题的步骤如下：

● 先用箭头标出电流参考方向，参考方向可任意设定，如图 1-28 所示。

● 根据基尔霍夫电流定律列出电流方程。两个结点 a 和 b 点，只能列出一个独立的电流方程

结点 a $\qquad I_1 + I_2 = I_3$

或

结点 b $\qquad I_3 = I_1 + I_2$

● 选定回路的绕行方向，用基尔霍夫电压定律列出独立的回路电压方程式。在图 1-28 中，设定回路 Ⅰ 和 Ⅱ 的绕行方向，根据 $\sum E = \sum RI$，得两个独立回路的电压方程

$$R_1 I_1 - R_2 I_2 = E_1 - E_2$$
$$R_2 I_2 + R_3 I_3 = E_2$$

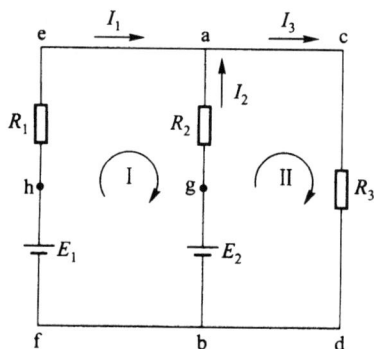

图 1-28 支路电流法举例

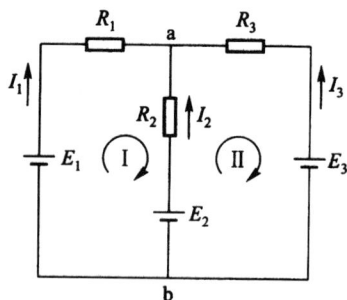

● 联立方程求解，把已知电阻和电压值代入下列方程式就可求得 I_1、I_2 和 I_3。

$$I_1 + I_2 - I_3 = 0$$
$$R_1 I_1 - R_2 I_2 = E_1 - E_2$$
$$R_2 I_2 + R_3 I_3 = E_2$$

例 1-5 在图 1-29 中，已知 $E_1 = 10$ V，$E_2 = 6$ V，$E_3 = 30$V，$R_1 = 20$ Ω，$R_2 = 60$ Ω，$R_3 = 30$ Ω，求 I_1、I_2 和 I_3。

解：

（1）设备支路电流的参考方向如图 1-29 所示，列出结点 a 电流方程

$$I_1 + I_2 + I_3 = 0$$

（2）选定回路 Ⅰ 和 Ⅱ 为顺时针方向，得独立回路电压方程

$$R_1 I_1 - R_2 I_2 = E_1 - E_2$$
$$R_2 I_2 - R_3 I_3 = E_2 - E_3$$

（3）将已知数值代入各方程式，整理后得

$$I_1 + I_2 + I_3 = 0$$
$$20 I_1 - 60 I_2 = 4$$
$$60 I_2 - 30 I_3 = -24$$

图 1-29 例 1-5 图

解方程组得 $I_1 = -0.3$ A，$I_2 = -\dfrac{1}{6}$ A，$I_3 = \dfrac{7}{15}$ A。

计算结果表明，I_1 和 I_2 的实际方向与参考方向相反，两个电源处于充电状态，吸收电能，在电路中不起电源作用，而是负载。

五、结点电压法的基本内容

结点电压法是一种能较直接方便地求出各结点间电压的方法。当求出结点电压时，那么各支路电流也就容易算出来了。如图 1-30 所示是用得较多的具有两个结点的电路，U 为 a、b 两结点之间的电压，$U = U_{ab}$。

根据图 1-30 中设定的电流参考方向列出电压方程式，如下

$$U = E_1 - R_1 I_1, \qquad I_1 = \frac{E_1 - U}{R_1}$$

$$U = E_2 - R_2 I_2, \qquad I_2 = \frac{E_2 - U}{R_2}$$

$$U = -E_3 - R_3 I_3, \qquad I_3 = \frac{-E_3 - U}{R_3}$$

$$U = I_4 R_4, \qquad I_4 = \frac{U}{R_4}$$

图 1-30 结点电压法

根据广义结点定义，可列电流方程为

$$I_1 + I_2 + I_3 - I_4 = 0$$

即

$$\frac{E_1 - U}{R_1} + \frac{E_2 - U}{R_2} + \frac{-E_3 - U}{R_3} - \frac{U}{R_4} = 0$$

整理上式后可得

$$U = \frac{\dfrac{E_1}{R_1} + \dfrac{E_2}{R_2} - \dfrac{E_3}{R_3}}{\dfrac{1}{R_1} + \dfrac{1}{R_2} + \dfrac{1}{R_3} + \dfrac{1}{R_4}}$$

上式中各电压的正、负这样确定：若支路中电压的极性与结点电压极性相同，该电压取正，否则取负。结点电压 U 可直接应用公式求得，这样各支路的电流就可算出。

例 1-6 应用结点电压法计算例 1-5 中的电流 I_1、I_2、I_3。

解：根据图 1-29，可求得结点电压 $U_{ab} = \dfrac{\dfrac{E_1}{R_1} + \dfrac{E_2}{R_2} + \dfrac{E_3}{R_3}}{\dfrac{1}{R_1} + \dfrac{1}{R_2} + \dfrac{1}{R_3}} = \dfrac{\dfrac{10}{20} + \dfrac{6}{60} + \dfrac{30}{30}}{\dfrac{1}{20} + \dfrac{1}{60} + \dfrac{1}{30}}$ V $= 16$ V

根据图 1-29 中电流的参考方向可得 $I_1 = \dfrac{E_1 - U_{ab}}{R_1} = \dfrac{10 - 16}{20}$ A $= -0.3$ A

$$I_2 = \frac{E_2 - U_{ab}}{R_2} = \frac{6 - 16}{60} \text{ A} = -\frac{1}{6} \text{ A}$$

$$I_3 = \frac{E_3 - U_{ab}}{R_3} = \frac{30 - 16}{30} \text{ A} = \frac{7}{15} \text{ A}$$

六、叠加定理的基本内容

在电路中，如果电流的数值正比于电源的电动势，一般称该电路为线性电路。在有多个

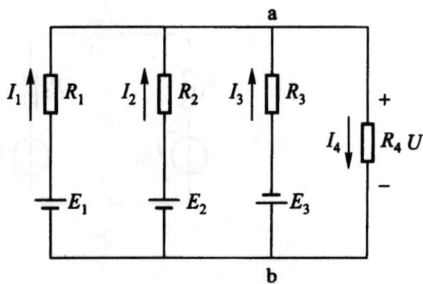

电源作用的线性电路中，任一支路中的电流，都可以是由各个电源单独作用时分别在该支路中产生的电流的代数和。这就是叠加定理的基本内容。

电路的叠加定理可通过图 1-31 为例来说明。在图 1-31 （a） 中有

$$I = \frac{U_{S1} - U_{S2}}{R_1 + R_2} = \frac{U_{S1}}{R_1 + R_2} - \frac{U_{S2}}{R_1 + R_2} = I' - I''$$

式中，$I' = \dfrac{U_{S1}}{R_1 + R_2}$，$I'' = \dfrac{U_{S2}}{R_1 + R_2}$。

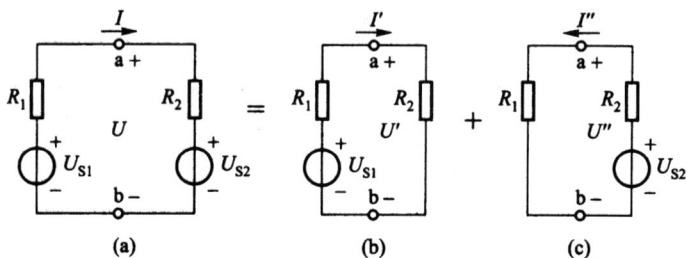

图 1-31　叠加定理

从上式可以看出，电流 I 可分为 I' 和 I'' 两部分。I' 及 I'' 分别为 U_{S1} 及 U_{S2} 单独作用时在电路中所产生的电流，而图 1-31 （a） 中的电流 I 等于图 1-31 （b） 中电流 I' 和图 1-31 （c） 中电流 I'' 的叠加。I' 取正值，因为 I' 的参考方向与 I 一致；I'' 取负值，因为 I'' 的参考方向与 I 相反。

例 1-7　用叠加定理求图 1-32 （a） 中 R_1 支路的电流 I_1。

解：设 R_1 支路的电流为 I_1，其参考方向如图 1-32 （a） 所示。

设 $E_2 = 0$，E_1 单独作用，I_1' 参考方向如图 1-32 （b） 所示。

$$I_1' = \frac{E_1}{R_1 + R_2 /\!/ R_3} = \frac{E_1}{R_1 + \dfrac{R_2 R_3}{R_2 + R_3}} = \frac{60}{10 + \dfrac{20 \times 60}{20 + 60}} \text{ A}$$

$$= 2.4 \text{A}$$

式中，$R_2 /\!/ R_3$ 表示 R_2 与 R_3 并联。

设 $E_1 = 0$，E_2 单独作用，I''_1 和 I''_2 的参考方向如图 1-32 （c） 所示。

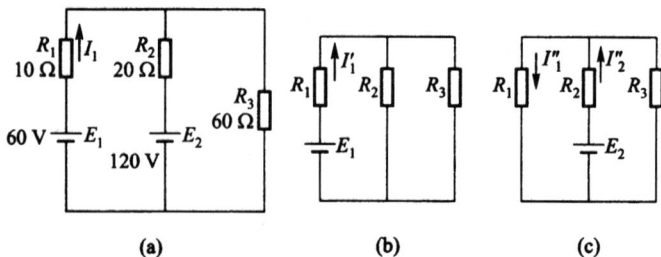

图 1-32　例 1-7 图

应用分流公式可得　$I''_2 = \dfrac{E_2}{R_2 + R_1 /\!/ R_3} = \dfrac{120}{20 + \dfrac{10 \times 60}{10 + 60}} \text{ A} = 4.2 \text{ A}$

$$I_1'' = \frac{R_3}{R_1 + R_3}I_2'' = \left(\frac{60}{60+10} \times 4.2\right) A = 3.6 A$$

由此可得

$$I_1 = I_1' - I_1'' = (2.4 - 3.6) A = -1.2 A$$

注意叠加定理只适用于线性电路，叠加定理不能用来计算功率，因为功率与电流不是线性关系，即
$$(I_1' + I_1'')^2 R \ne I'^2 R + I''^2 R。$$

七、戴维宁定律的基本内容

在一个电路中，有时只要求计算某一条支路的电流和电压，那么可将该支路以外的所有电路（不论含有几个电源）看成一个含有电源的具有两个输出端的网络，称为有源二端网络。于是复杂电路就由有源二端网络和待求支路组成，如图 1-33 所示。

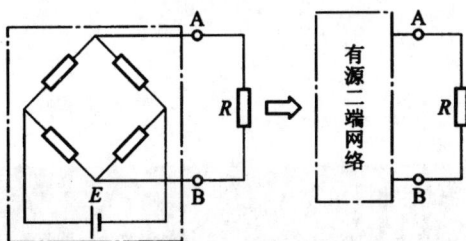

图 1-33　有源二端网络和待求支路

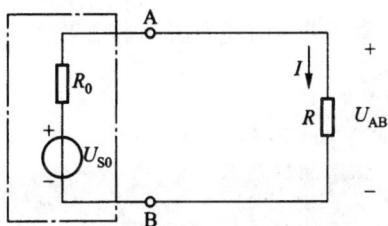

图 1-34　简单电压源和待求支路

若有源二端网络能够化简为一个等效电压源，即能够化简为一个理想电压源 U_{S0} 和一个内电阻 R_0 相串联，则复杂电路就变换成一个等效电压源和待求支路相串联的简单电路，如图 1-34 所示。

戴维宁定理指出：任何线性有源二端网络可以用一个理想电压源 U_{S0} 和内阻 R_0 相串联的支路来等效。等效电压源的电动势 U_{S0} 等于待求支路断开时该网络的开路电压，内阻 R_0 则等于网络中所有电源取零（电压源用短路代替，电流源用开路代替）后的等效电阻。

例 1-8　计算图 1-35（a）中 R_3 的电流。

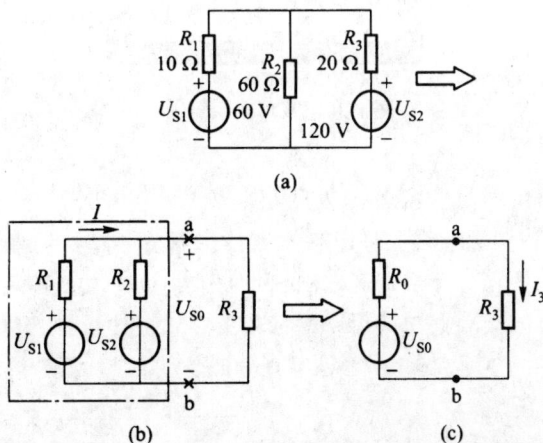

(a)

(b)　　　　　　(c)

图 1-35　例 1-8 图

解：将 R_3 支路断开，先求出图 1-35（b）中的开路电压 U_{S0}

$$U_{S0} = R_2 I + U_{S2} = R_2 \frac{U_{S1} - U_{S2}}{R_1 + R_2} + U_{S2}$$

$$= \left[\frac{20 \ (60 - 120)}{10 + 20} + 120 \right] \text{V} = 80 \text{ V}$$

再求出有源二端网络除源后的等效电阻 R_0

$$R_0 = R_1 // R_2 = \frac{R_1 R_2}{R_1 + R_2} = \frac{10 \times 20}{10 + 20} \Omega = \frac{20}{3} \Omega$$

根据图 1-35（c）中 I_3 的参考方向，得

$$I_3 = \frac{U_{S0}}{R_0 + R_3} = \frac{80}{\frac{20}{3} + 60} \text{A} = 1.2 \text{ A}$$

计算结果与前述方法求解结果是一致的。

知识库

用万用表测量电阻的阻值

万用表外形如图 1-36 所示。万用表电阻挡可以测量导体的电阻，如图 1-36 所示。电阻挡用 "Ω" 表示，分为 $R \times 1$、$R \times 10$、$R \times 100$ 和 $R \times 1k$ 四个挡。有些万用表还有 $R \times 10k$ 挡。

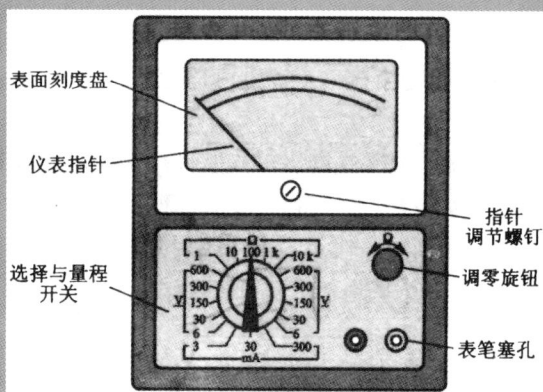

图 1-36　万用表示意图

1. 万用表测电阻步骤

使用万用表电阻挡测电阻，应遵循以下步骤：

①将选择开关置于 $R \times 100$ 挡，将两表笔短接，调整电阻挡调零旋钮，使表针指向电阻刻度线右端的零位。若指针无法调到零点，说明表内电池电压不足，应更换电池。

②用两表笔分别接触被测电阻两引脚进行测量。正确读出指针所指电阻的数值，再乘以倍率（$R \times 100$ 挡应乘 100，$R \times 1$ k 挡应乘 1 000，……），就是被测电阻的阻值，如图 1-37 所示。

③为使测量较为准确，测量时应使指针指在刻度线中心位置附近。若指针偏角较小，应换用 $R \times 1$k 挡；若指针偏角较大，应换用 $R \times 10$ 挡或 $R \times 1$ 挡。每次换挡后，应再次调整电阻挡调零旋钮，然后再测量。

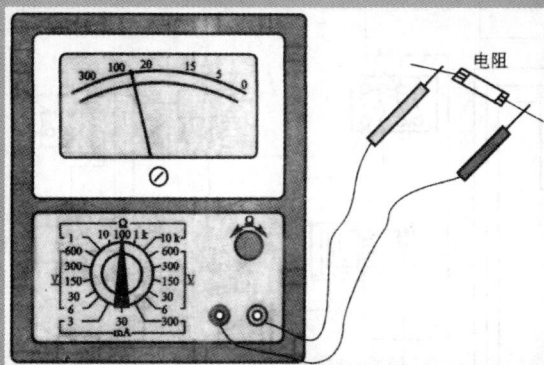

图 1-37 万用表测量电阻示意图

④测量结束后，应拔出表笔，将选择开关置于"OFF"挡或交流电压最大挡位，收好万用表。

2. 测量电阻时的注意事项

①被测电阻应从电路中拆下后再测量。

②两只表笔不要长时间碰在一起。

③两只手不能同时接触两根表笔的金属杆或被测电阻两根引脚，最好用右手同时持两根表笔。

④长时间不使用万用表，应将表中电池取出。

电解电容的测量

①根据电解电容器的电容选择合适的电阻挡进行测量。一般小电容的电解电容器选择高阻挡进行充、放电测量，以便于观察万用表指针摆动的情况。大电容的电解电容器选择低阻挡进行充、放电测量。

②测量时应注意表棒的极性和电解电容器的极性，正、反各测一次，如图1-38所示。

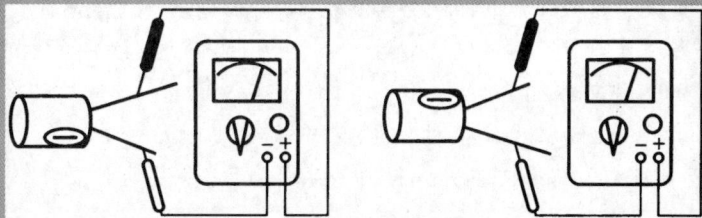

图 1-38 电容器的测量

③根据测试结果判断电容器的性能。

读识汽车基本电路图

汽车照明电路如图1-39所示。

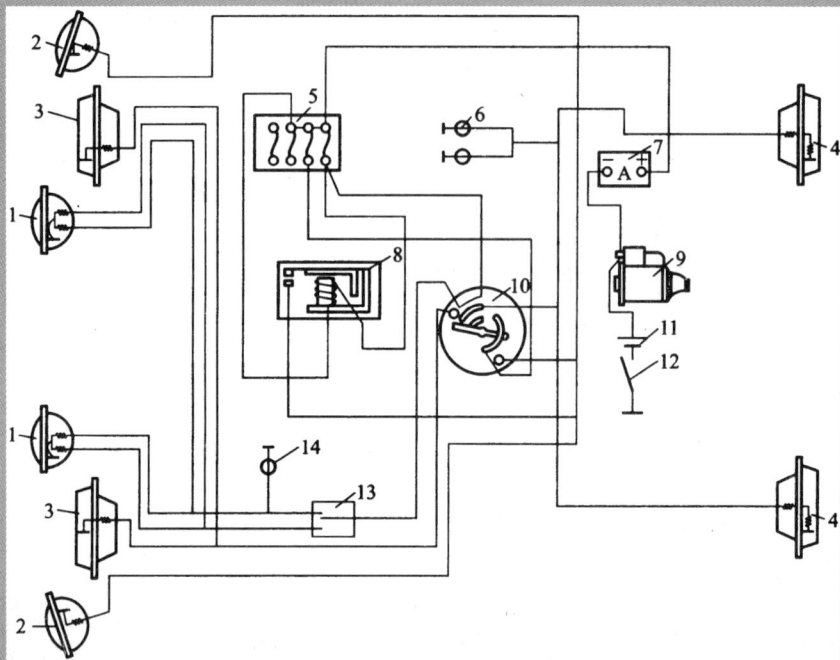

图 1-39　汽车照明电路图

1—前照灯；2—侧灯；3—前小灯；4—后小灯；5—熔断器盒；6、14—指示灯；7—电流表
8—灯光继电器；9—起动机；10—灯光总开关；11—电源；12—电源总开关；13—变光开关

根据图 1-39 汽车照明电路图读识：

1. 前小灯工作回路

蓄电池正极—起动机火线接柱—电流表—1 号熔断器—灯光总开关（Ⅰ挡）—前、后小灯、仪表灯—接地—电源总开关—蓄电池负极。

2. 前照灯工作回路

蓄电池正极—起动机火线接柱—电流表—1 号熔断器—灯光总开关（Ⅱ挡）—变光开关—远、近光灯（前后小灯、仪表灯略）—接地—电源总开关—蓄电池负极。

3. 侧灯的工作回路

蓄电池正极—起动机火线接柱—电流表—2 号熔断器—灯光总开关（Ⅲ挡）—侧灯（前后小灯、前照灯、仪表灯略）—接地—电源总开关—蓄电池负极。

每章一练

1. 基尔霍夫电压定律的应用范围是（　　　）。

A. 支路　　　B. 结点　　　C. 回路

2. 支路电流法的应用基础是（　　　）。

A. 基尔霍夫定律　　　B. 戴维宁定律　　　C. 叠加定理

3. 不符合线性规律的电量参数是（　　　）。

A. 电阻　　　B. 电压　　　C. 电功率

4. 当电路中有 3 条支路、2 个结点时，若采用支路电流法解题，电流方程的个数是（　　）。

　　A. 1 个　　B. 2 个　　C. 3 个

5. 下列叙述中不符合电压源与电流源等效的叙述是（　　）。

A. 等效是指对内电路等效　　B. 实际电压源可以等效为实际电流源

C. 两个并联的电流源可以相加

6. 有两只相同类型的白炽灯，一只上面标着 200 V、40 W，另一只上面标着 12 V、21 W，试问：

（1）在额定电压下，哪一只白炽灯亮？

（2）哪一只白炽灯的电流大？

7. 家中电源的电压一般都为 220 V，所以厂家设计的家用电器使用的额定电压一般都为 220 V。夏季里，某一家庭的一台电冰箱（约 100 W）每天使用 16 h。一台 1.5 匹空调（约 1 500 W）每天使用 12 h，一台 29 in（英寸）彩色电视机（约 120 W）每天使用 6 h，其他用电器每月（30 天）耗电 40 度，试问该家庭每月耗电总共多少度？

8. 电容器的充、放电是如何定义的？

第二章 安全用电的基本知识

本章概述

电在现代社会发展和生活中起着相当重要的作用，如何安全用电是每一位使用者不可缺少的基础知识。通过本章学习应了解安全用电的基本原理和方法，提高安全用电的意识，保护人身和设备的安全。

教学目标

1. 熟知电工安全文明操作规程，并严格按照规程进行操作。
2. 了解并掌握各种触电情况下的解救方法。
3. 了解并掌握各种电池检测与识别方法。

* * * * * * * * * *

第一节 电能的生产及对人体的作用

一、电能的生产以及发电厂的分类

发电厂按其所利用的能源种类，可分为水力、火力、风力、核能、太阳能、沼气等多种。目前，世界各国建造最多的主要是水力发电厂和火力发电厂。近年来，核电站也发展很快。

二、电能的输送和分配

大中型发电厂大多建在产煤地或水力资源丰富的地区附近，距离用电地区往往是几十公里几百公里以至上千公里以上。发电厂生产的电能要用高压输电线输送到用电地区，然后再降压分配给各用户，电能从发电厂传输到用户要通过导电系统，该系统称为电力网。送电距离愈远，要求输电线的电压愈高。我国国家标准中规定输电线的额定电压为 35 kV、110 kV、220 kV、330 kV、500 kV。图 2-1 所示为电能输送的示意图。送电距离愈远，要求输电线的电压愈高。

由输电线末端的变电所将电能分配给各工业企业和城市，企业设有中央变电所和车间变电所（小规模的企业往往只有一个变电所）。中央变电所接受送来的电能，然后分配到各车间，再由车间变电所或配电箱（配电屏）将电能分配给各用电设备。从车间变电所或配电箱（配电屏）到用电设备的低压配电线路的连接方式，主要有放射式和树干式两种。当负

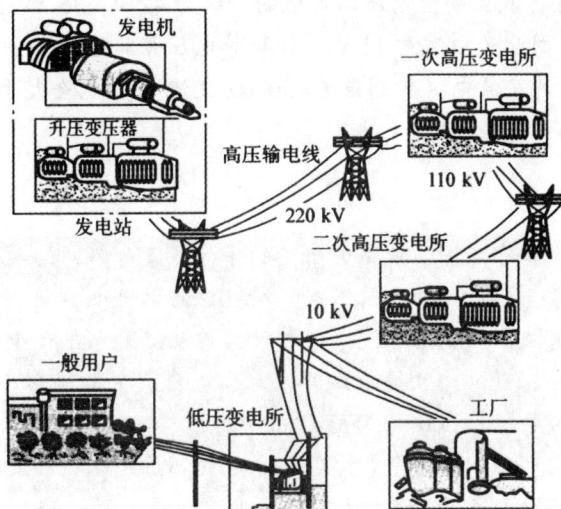

图 2-1 电能输送、输电线路示意图

载点比较分散而各个负载点又具有相当大的集中负载时，通常采用这种线路。

提示：除交流输电外，还有直流（三相交流经三相半导体整流器变换为直流）输电，直流输电的能耗较小，无线电干扰较小，输电线路造价也较低。

高压配电线路的额定电压有 3 kV、6 kV 和 10 kV 三种。低压配电线路的额定电压是 380/220 V。用电设备的额定电压大多是 220 V 和 380 V，大功率电动机的电压是 3 000 V 和 6 000 V，机床局部照明的电压是 36 V。

三、电流对人体的作用

由于人体是导电体，因此人体接触带电部位而构成电流回路时，就会有电流流过人体，流过人体的电流会对人体的肌体造成不同程度的伤害，这就是通常所说的触电，也称电击，图 2-2 所示为电击示意图。电击使人体内部器官组织受到损伤。如果受害者不能迅速摆脱带电体，则会造成死亡事故。另一种是电伤，电伤是指在电弧作用下或熔丝熔断时，对人体外部的伤害，一般会造成烧伤、金属溅伤等。电流对人体伤害的严重程度一般与以下几个因素有关：

● 通过人体电流大小。实验资料表明，如果有电流 $I \leqslant 5$ mA 的交流电（$f = 50$ Hz）流经人体时，就会有刺麻等不舒服的感觉；当 $10 \sim 30$ mA 的电流流过人体时，便会产生麻痹感，难以忍受，这时，人体已不能自主地

图 2-2 电击示意图

摆脱带电体。若电流达到 50 mA 以上，就会引起心室颤动而有生命危险，甚至致人死亡。

● 电流通过人体的时间越长越危险。

● 人体触电电压高低。当人体接近高压时，就会产生感应电流，电压越高感应电流就越大。所以，人体接触的电压越高就越危险。

在国标 GB/T 3805—1993 中，安全电压是为防止触电事故而采用的有特定电源供电的电压系列。该系列的上限值是指在任何情况下，两导体间不得超过交流（$50 \sim 500$ Hz）有效

值50 V。根据国标规定，我国安全电压额定值的等级为42 V、36 V、24 V、12 V、6 V。由于人体电阻并非定值，因此必须注意42 V、36 V等电压并非绝对安全。

● 通过人体低频率的交流电（特别是 $f=50$ Hz 交流电）危险大于直流电，因为交流电主要是麻痹并破坏人体的神经系统。

小锦囊

● 不同人群以及人体在不同环境下电阻值的差异。各种不同的人群由触电所造成的危害是不同的，这是由于不同人体的电阻不同，所流经的电流也不同。人体电阻不仅与身体自然状况和身体部位有关，而且与环境条件等因素以及接触电压大小有很大关系。一般情况下，当皮肤角质外层完好，并且很干燥时，人体电阻大约为 $10 \sim 100$ kΩ。当角质外层破坏时，人体电阻通常会降到 $800 \sim 1~000$ Ω。

● 电流流经人体的部位。人体中最忌电流通过的部位是心脏和中枢神经，因此电流从人体的手到手、从手到脚都是危险的途径。

第二节　人体触电方式及安全用电

一、人体触电方式及其分类

人体触电方式主要有单相触电、两相触电、跨步电压触电和接触电压触电等。

1. 单相触电

单相触电是指人体某一部分触及一相电源或接触到漏电的电气设备，电流通过人体流入大地，造成触电，触电事故中大部分属于单相触电。

2. 两相触电

人体的两相触电，这时人体的不同部位同时触及某电源的两相导线，电流从一根导线通过人体流向另一根导线，这是危险性更大的触电形式。

3. 跨步电压触电

当带电体有电流流入地下（架空线的一相线断落在地上）在地面形成不同的电位，人在接地点周围两脚之间就会有电压差，即为跨步电压。

4. 接触电压

触电人体与电气设备的带电外壳接触而引起的触电为接触电压触电。

二、触电急救的基本常识

发现有人触电时，千万不可惊慌失措，首先应迅速拉下电源刀开关或拔掉电源插头，使触电者尽快脱离电源，并注意以下三种情况的处理方式：

● 若开关不在附近时，可用有绝缘柄的钢丝钳一先一后分别切断两根电源线。

● 用干燥的木棒或竹竿将触电者身上的电线挑开（千万不能用手去拉触电者）。

● 若触电者在高处，还应防止触电者脱离电源后摔伤。

当触电者脱离触电后，如果神志清醒且皮肤又未灼伤，可将其抬至通风的地方休息；如果触电者呼吸停止或神志不清，应及时请医务人员进行救治，并马上送往医院抢救。

三、安全用电的相关知识

1. 绝缘

为防止人体触电，需用绝缘物把带电体封闭起来，如图2-3所示。瓷、玻璃、云母、橡胶、木材、胶木、塑料、布、纸和矿物油等都是常用的绝缘材料。

应当注意：很多绝缘材料受潮后会丧失绝缘性能或在强电场作用下会遭到损坏，丧失绝缘性能。

2. 间距

间距表示需保证的必要的安全距离。间距除防止人触及或过分接近带电体外，还能起到防止火灾、混线、方便操作的作用。在低压工作中，最小检修距离不应小于0.1 m。

3. 屏护

屏护就是采用遮拦、护罩、护盖箱闸等把带电体同外界隔绝开来。电器开关的可动部分一般不能使用绝缘，而需要屏护。高压设备不论是否有绝缘，均应采取屏护。

图2-3　绝缘示意图

4. 接地

接地指与大地的直接连接，电气装置或电气线路带电部分的某点与大地连接，电气装置或其他装置正常时不带电部分某点与大地的人为连接都叫接地。

5. 保护接地

为了防止电气设备外露的不带电导体意外带电造成危险，将该电气设备经保护接地线与深埋在地下的接地体紧密连接起来的做法叫保护接地。

由于绝缘破坏或其他原因而可能呈现危险电压的金属部分，都应采取保护接地措施，如电机、变压器、开关设备、照明器具及其他电气设备的金属外壳都应予以接地。一般在低压系统中，保护接地电阻值应小于4 Ω。

6. 保护接零

保护接零就是把电气设备在正常情况下不带电的金属部分与电网的零线紧密地连接起来。应当注意的是，在三相四线制的电力系统中，通常是把电气设备的金属外壳同时接地、接零，这就是所谓的重复接地保护措施，但还应该注意，零线回路中不允许装设熔断器和开关。

7. 装设漏电保护装置

为了保证在故障情况下人身和设备的安全，应尽量装设漏电流动作保护器。它可以在设备及线路漏电时，通过保护装置的检测机构转换取得异常信号，经中间机构转换和传递，然后促使执行机构动作，自动切断电源，起到保护作用，如图2-4所示。

图2-4　漏电保护装置

8. 采用安全电压

采用安全电压是用于小型电气设备或小容量电气线路的安全措施。根据欧姆定律，电压越大，电流也就越大。因此，可以把可能加在人身上的电压限制在某一范围内，使得在这种电压下，通过人体的电流不超过允许范围，这一电压就叫做安全电压。

9. 加强绝缘

加强绝缘就是采用双重绝缘或另加总体绝缘，即保护绝缘体以防止通常绝缘损坏后的触电。

小锦囊

安全用电的注意事项

● 不得随便乱动或私自修理车间内的电气设备。

● 经常接触和使用的配电箱、配电板、刀开关、按钮端头、插座、插销以及导线等，必须保持完好，不得有破损或将带电部分裸露。

● 不得用铜丝等代替熔丝，并保持刀开关、磁力开关等盖面完整，以防短路时发生电弧或熔丝熔断飞溅伤人。

● 经常检查电气设备的保护接地、接零装置，保证连接牢固。

● 在移动电风扇、照明灯、电焊机等电气设备时，必须先切断电源，并保护好导线，以免磨损或拉断。

● 在使用手电钻、电砂轮等手持电动工具时，必须安装漏电保护器，工具外壳要进行防护性接地或接零，并要防止移动工具时，导线被拉断，操作时应戴好绝缘手套并站在绝缘板上。

● 在雷雨天，不要走进高压电杆、铁塔、避雷针的接地导线周围 20 m 内。当遇到高压线断落时，周围 10 m 之内，禁止人员进入；若已经在 10 m 范围之内，应单足或双脚跳出危险区。

● 对设备进行维修时，一定要切断电源，并在明显处放置"禁止合闸，有人工作"的警示牌（图 2-5）。

禁止合闸 有人工作

图 2-5　警示牌

四、文明操作规程的基本内容

实训场地清洁明亮，实训设备布局合理，并悬挂安全文明操作规程或规章制度。在实训过程中，必须严格按照工艺文件和工艺规程进行文明操作，这是保证实训质量的前提。

电工电子实训室安全文明操作规程主要有以下几方面。

● 学生进入实训室，必须做好课前准备工作，与实训无关的其他物品不得带入实训室。

● 实训时不得在实训室内随意打闹，不得做与实训无关的事情，不得离开工位，不得请他人或代他人加工工件。

● 严格遵守文明操作规程，不得擅自开启电源。在没有老师的同意及指导下，不得带电操作。

● 在电工电子操作过程中，使用电烙铁或电热风枪前，必须对电源线、电源插座、手柄等进行安全检查，发现有松动或损坏应立即进行更换。

● 实训时应将电烙铁应放在烙铁架上，并置于实训台的右前方，如图2-6所示。

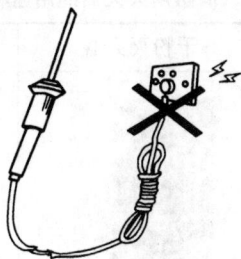

图2-6　用电操作前必须检查用电设备

● 实训时应将所要使用的工具放置在工作台的指定位置，将不使用的工具放入工具箱并将工具箱放置在工作台的左前方或工作台下。

● 实训场地及实训台上应保持干净整洁，各种垃圾应随时放入指定垃圾桶中。

● 在使用机械工具时，应避免因操作不当而引起的机械损伤事故，使用电烙铁时要防止烫伤，如图2-7所示。

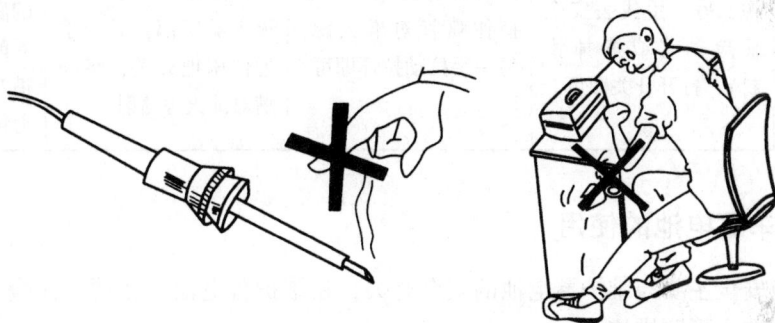

图2-7　防止烫伤和机械损伤

● 制作工件时应仔细认真，工件应轻拿轻放，防止工件磕碰以免损坏。

● 实训结束时，必须切断所有电源。然后清洁工作台面、清除垃圾、保持工具整洁。所有被移动过的仪器设备必须恢复原状。离开实训室前应关闭门、窗。

第三节　电气消防的基本措施及汽车蓄电池的使用

一、电气消防

火灾是造成人们生命危险和财产损失的重大灾害之一。据报道，在火灾总数中电气火灾所占的比例有不断上升的趋势。在发生电气火灾时，应采取以下措施：

● 发现电子装置、电气设备、电缆等冒烟起火时，要尽快切断电源。

● 使用砂土或专用灭火器进行灭火。

● 在灭火时应避免将身体或灭火工具触及导线或电气设备。

● 若不能及时灭火，应立即拨打119报警。

电气消防用灭火器的用途和使用方法见表2-1。

表2-1 电气消防用灭火器的用途和使用方法

种 类	二氧化碳灭火器	干粉灭火器	1211 灭火器	泡沫灭火器
灭火器外形				
用途	适宜扑灭精密仪器、电子设备以及 600V 以下电器的初起火灾	适宜扑灭油类、可燃气体、电气设备等的初起火灾	适宜扑灭油类、仪器及文物档案等贵重物品的初起火灾	适宜扑灭油类及一般物质的初起火灾
使用方法	一手握住喷筒对准火源，另一手拔去安全保险销（或撕掉铅封），打开开关即可	先打开保险销，一手握住喷管对准火源，另一手拉动拉环即可	先撕去铅封，拔去安全保险销，一手抱住灭火器底部，另一手握住压把开关，将喷嘴对准火源喷射	一手握住提环，另一手握住筒身的底边，将灭火器颠倒过来，喷嘴对准火源，用力摇晃几下即可

二、汽车蓄电池的使用

汽车用电安全主要与维护蓄电池的安全有关，在维护蓄电池或在蓄电池旁边作业之前，必须掌握以下安全预防措施：

● 连接蓄电池电缆时要注意极性，正负极不能接反。

● 拆蓄电池电缆时要先拆负极（搭铁）电缆。

● 接蓄电池电缆时要后接负极电缆。

● 严禁在蓄电池附近进行电焊或气焊作业（蓄电池充、放电过程中，会放出易爆的氢气）。

● 严禁在蓄电池附近吸烟。

● 蓄电池充电场所要有良好的通风，充电器接通后就不要再拆、接充电器的连接导线。

● 维护蓄电池时，不要戴首饰或手表，这些东西都是良导电体，若不小心将蓄电池正极柱与搭铁连上，电流流过它们，会造成严重灼伤。

● 千万不可在蓄电池上方传递工具，如碰巧跌落在两极柱上，造成蓄电池短路会引起爆炸。

每章一练

一、填空题

1. 触电是指电流以_____为通路，使身体一部分或全身受到电的刺激或伤害，可分为_____和_____两种。_____是指电流使人体内部器官受到的损害，____

_____是指人体外部受到的伤害。

2. 触电方式可分为_____触电和_____触电两种。_____触电是指人体站在地面时，人体某一部位触及一相带电体的触电事故；_____触电是指人体同时触及两根火线。

3. 为防止发生触电事故，电气设备金属外壳常采用_____、_____等防护措施。

二、判断题（正确的画"√"，错误的画"×"）

1. 触电对人体的伤害程度取决于通过人体电流的大小。　　　　　　（　　）
2. 36 V 以下的电压称为安全电压。　　　　　　　　　　　　　　（　　）
3. 一次只触及电路中的一根导线是安全的。　　　　　　　　　　　（　　）
4. 即使认为电烙铁是冷的，也只应拿烙铁柄。　　　　　　　　　　（　　）
5. 站在潮湿或金属地板上时，不要接触电气设备。　　　　　　　　（　　）
6. 决定电击强度的是电压。　　　　　　　　　　　　　　　　　　（　　）

第三章

汽车电机的基本结构及拆装

本章概述

电机是利用电磁感应原理实现电能与机械能互换的旋转机械。能把机械能转换为电能的电机称为发电机，而将电能转换为机械能的电机称为电动机。

按使用的电源性质不同，电动机可分为交流电动机和直流电动机；汽车上使用的是直流电动机和各种特种电机。按产生电能的性质不同，发电机有交流发电机和直流发电机。汽车上使用的是交流发电机。

教学目标

1. 了解磁场的基本物理量，掌握电磁感应原理，掌握变压器的基本工作原理。
2. 了解发电机的工作原理，认识发电机的结构特点，能应用发电机的知识指导拆装。
3. 了解电动机的工作原理，认识发动机的结构特点，能应用电动机的知识指导拆装，掌握直流电动机的启动、调速、转向与制动的工作过程，理解步进电动机的工作原理。

* * * * * * * * * *

第一节 磁路的基本知识

一、与磁场相关的基本物理量

1. 磁感应强度 (B)

磁感应强度是描述磁场强弱的基本物理量，用符号 B 表示。

通过实验可知，将长度为 ΔL，通入电流为 I 的直导体，如图 3-1 （a）所示，按垂直磁感线方向放入一磁场中，则直导体上将受到电磁力 ΔF，ΔF 的方向取决于磁感线方向和通电电流方向。三者关系可用左手定则来判别，如图 3-1 （b）所示。而 ΔF 的大小如下

$$\Delta F = BI\Delta L$$

式中　　B——直导体 ΔL 在磁场该点处的磁感应强度，单位为 N/（A·m），大小如下

$$B = \frac{\Delta F}{I\Delta L}$$

而它的方向即为该点的磁场方向，也就是该点的磁感线的切线方向。因此磁感应强度 B 既

反映磁场某处的强弱，又反映该处的磁场方向，因此 B 是一个矢量。

一般而言，磁场中各点的 B 的大小和方向都是不相同的。如果磁场中各点的磁感应强度的大小和方向都相同，这样的磁场就称为均匀磁场。对于均匀磁场可用均匀分布、方向相同的磁力线来描述。

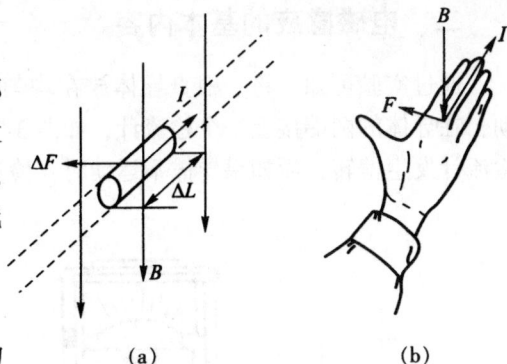

(a) 导体受到的作用力；(b) 左手定则

图 3-1 磁场对载流导体的作用力

2. 磁通量（Φ）

磁通量是表征在某个面积上的磁场强弱的物理量，用符号 Φ 表示。其大小等于磁感应强度和与它垂直的某一截面积 A 的乘积。在均匀磁场中，由于 B 是一个常数，故而磁通的大小为

$$\Phi = BA$$

式中 Φ——磁通量，单位为 Wb。

如果将磁通 Φ、磁感应强度 B 与磁感线联系起来，磁通量可表征垂直于磁感线方向上某一截面积的磁感线数，而将上式变为

$$B = \frac{\Phi}{A}$$

则可认为磁感应强度就是垂直穿过单位面积上的磁感线数，因此磁感应强度又称为磁通密度。

3. 磁导率（μ）

磁导率是衡量物质导磁性能的基本物理量，用符号 μ 表示，它的物理单位是亨/米（H/m）。

经测定，真空中的磁导率为一个常数，用 μ_0 表示，即

$$\mu_0 = 4\pi \times 10^{-7} \text{ H/m}$$

在自然界中，大多数的物质对磁场强弱影响甚微，有的物质使磁场略比真空中增强，如空气、锡、铝等；有的物质使磁场略比真空中减弱，如铜、银、石墨等，它们的磁导率 $\mu \approx \mu_0$；而铁、镍、钴及其合金的磁导率 μ 很大，能使磁场大为增强，这类物质称为铁磁材料。

铁磁材料的磁导率是真空的几百倍，它能使磁场大大增强，故而通电线圈一般都绕在铁磁材料制成的铁芯上，这样就能使较小的电流产生较强的磁场，使线圈的圈数、体积、重量减小。所以，电气设备中铁磁材料得到广泛的应用。

4. 磁场强度（H）

磁场强度是计算磁感应强度 B 的一个辅助物理量，用符号 H 表示。

磁场强度与磁感应强度 B 的关系为

$$B = \mu H$$

式中 μ——该点处的磁导率。

磁场强度也是一个矢量，磁场中某点的磁场强度的方向即为该点的磁感应强度 B 的方向。磁场强度的单位是 A/m（或 A/cm）。磁场强度的引入不仅简化了磁场计算，而且常用来分析铁磁材料的磁化状况。

二、电磁感应的基本内容

通过实验可知，将一根直导体放在均匀磁场中，并以速度 v 朝着与磁感线垂直方向运动，在导体的两端接上一个检流计，如图 3-2 所示，当导体左、右切割磁感线时，可以看到检流计发生偏转；而如果导体不运动时，检流计指针是不动的。

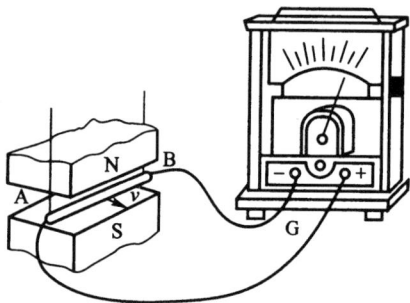

图 3-2　实验一示意图　　　　　　　　图 3-3　实验二示意图

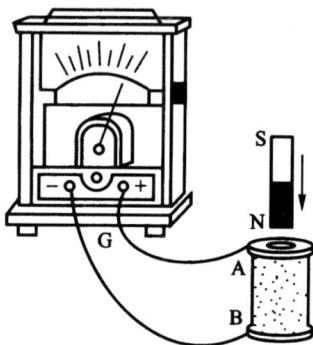

另外，将线圈两端与检流计连接，将磁铁插入或拔出线圈，如图 3-3 所示。当磁铁插入线圈时，检流计指针发生偏转；而当磁铁在线圈中不动时，检流计指针不动；当磁铁拔出线圈时，检流计指针反向偏转。

通过实验可知，当导体对磁场做相对运动而切割磁感线，或者通过线圈的磁通量发生变化时，导体或线圈中就会产生电动势，如果导体或线圈是闭合的，就会有电流通过。这种现象称为电磁感应。

由于电磁感应而产生的电动势称为感应电动势，由感应电动势产生的电流称为感应电流。

1. 直导体感应电动势的大小和方向

（1）大小计算　在均匀磁场中，长度 L 的直导体以速度 v 做与磁感应强度 B 垂直方向运动时，实验证明其感应电动势如下

$$e = BLv$$

感应电动势的单位为伏特（V）。

（2）方向判别　直导体切割磁感线产生的感应电动势方向可用右手定则确定：伸开右手，大拇指与四指垂直，让磁感线垂直穿过手心，大拇指指向直导体运动方向，而四指的指向即为感应电流方向。

2. 线圈的感应电动势大小和方向

（1）大小计算　法拉第电磁感应定律指出：当线圈中的磁通发生变化时，线圈中感应出电动势的大小与磁通的变化率成正比，与线圈的匝数 N 成正比，即

$$e = \left| N \frac{\mathrm{d}\varPhi}{\mathrm{d}t} \right|$$

式中　　$\varPhi$——磁通，单位为韦伯（Wb）；

e——感应电动势，单位为伏特（V）。

（2）方向判别　线圈中的感应电动势方向可用楞次定律和右手定则来确定。楞次定律

指出：如果线圈中的感应电动势是由于穿过线圈的磁通发生变化而产生的。则感应电动势在线圈中流过的感应电流，其产生的磁通将力图阻止原磁通的改变。

三、自感和互感

1. 自感

如果线圈中通入变化的电流，它将会使线圈中产生变化的磁通，如图3-4所示。这变化的磁通穿过本身线圈，必将使线圈产生感应电动势，这个由于自己本身线圈中电流变化而产生的感应电动势称为自感电动势 e_L，其表达式为

$$e_L = -N\frac{\mathrm{d}\Phi}{\mathrm{d}t}$$

图 3-4　自感现象

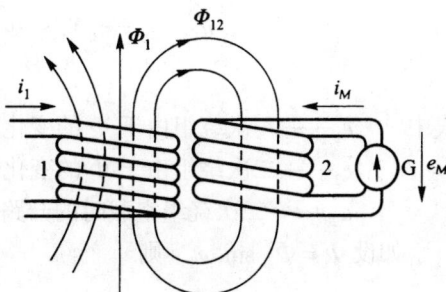

自感电动势是由于线圈本身流入变化的电流而产生的，为了找出 e_L 与 i 的关系而引入一个新的物理量——自感应系数，简称电感，用符号 L 表示。它与线圈的几何形状及磁导率有关。对于空心线圈，由于 $N\Phi$ 与电流 i 的比值为一常数，故定义

$$L = \frac{N\Phi}{i}$$

电感 L 的物理单位是亨利（H），较小的单位是毫亨（mH），它们之间的关系为

$$1\ H = 10^3\ mH$$

把上式变形为 $N\Phi = Li$，代入 e_L 表达式得

$$e_L = \frac{\mathrm{d}(Li)}{\mathrm{d}t}$$

若对于空心线圈便可得

$$e_L = -L\frac{\mathrm{d}i}{\mathrm{d}t}$$

上式说明：线圈中的感应电动势的大小与线圈的电感及线圈中的电流变化率成正比；而负号则表示自感应电动势的方向与电流的变化率相反，其物理意义是 e_L 起着阻碍电流变化的作用。即当 i 增加时，e_L 与 i 方向相反，以阻碍电流的增大；而当电流减小时，e_L 则与 i 方向相同，以阻碍电流的减小。因此，电感线圈在电路中能起稳定电流的作用。对于有铁芯线圈的电感元件，由于 L 并非常数，所以不能用以上公式来定量计算 e_L，而只能做一些定性分析。

2. 互感

当紧靠的两个线圈中的一个线圈流入变化的电流时，可以发现另一个线圈回路中检流计的指针发生偏转，说明该线圈两端产生了感应电动势，这一现象称为互感现象。该感应电动势称为互感电动势，用符号 e_M 表示，而由互感电动势产生的电流称为互感电流，用符号 i_M 表示，如图 3-5 所示。图中接入变化电流的线圈 1 称为一次线圈（主线圈），而与检流计相连接的线圈 2 称为二次线圈（副线圈）。

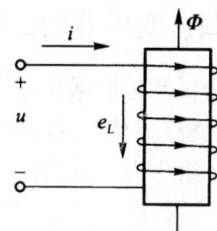

图 3-5　互感现象

e_M 产生的原因是线圈 1 通过变化的电流 i_1 后产生变化磁通 Φ_1，由于两线圈紧靠，故有一部分磁通 Φ_{12} 穿过线圈 2，使线圈 2 感应出互感电动势 e_M，互感电动势的大小与线圈 2 的匝数和穿过线圈 2 的磁通变化率成正比。

汽车中的点火线圈就是利用互感原理制成的。

四、变压器的工作原理

变压器是根据互感原理而制成的静止电器，最简单的构造如图 3-6 所示。在一个闭合的铁芯上绕有两组与铁芯绝缘的匝数不等的绕组，与电源相连的绕组称为一次绕组，与负载相连的绕组称为二次绕组，一次绕组和二次绕组都由绝缘导线绕制。

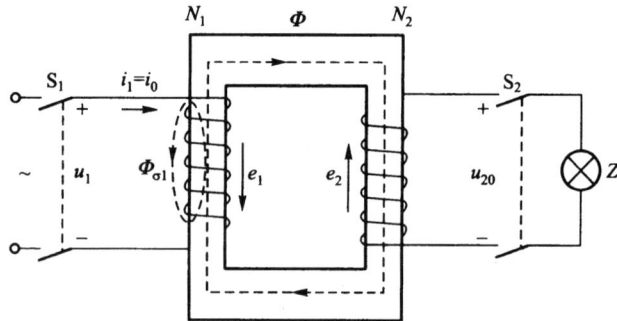

图 3-6　变压器构造

1. 变压器的空载运行

变压器一次绕组开关 S_1 闭合，接上交流电压，二次绕组开关 S_2 断开，不接负载，这种状态称为变压器的空载运行。

在外加正弦交流电压 u_1 的作用下，变压器一次绕组便有 i_0 交流电流通入，称为空载电流，其有效值 I_0 很小，一般约为额定电流的 3%～8%。这样一次绕组中便有 $i_1 \cdot N_1$（称磁动势）的产生，建立起交变的磁场。由于铁芯的磁导率比空气或油的磁导率大许多，故而绝大部分磁通经过铁芯闭合，并与一、二次绕组耦合，称为主磁通 Φ，而仅有一小部分磁通在穿过一次绕组后沿附近空间与一次绕组耦合，称为漏磁通 $\Phi_{\sigma1}$，由于 I_0 很小，故而漏磁通 $\Phi_{\sigma1}$ 也很小，在分析时可略去不计。

对于上述的变化过程，可用下面表达式来简单的分析：

$$u_1 \rightarrow i_0 \rightarrow i_0 N_1 \rightarrow \Phi \rightarrow \begin{cases} e_1 = -N_1 \dfrac{\mathrm{d}\Phi}{\mathrm{d}t} \rightarrow 平衡\ u_1 \\ e_2 = -N_2 \dfrac{\mathrm{d}\Phi}{\mathrm{d}t} \rightarrow u_{20} \end{cases}$$

式中　　e_1——一次绕组由于 Φ 的变化而产生的自感电动势，起到平衡 u_1 的作用；

e_2——二次绕组由于 Φ 的变化而产生的互感电动势；

u_{20}——二次绕组空载时的开路端电压。

如设 $\Phi = \Phi_m \sin \omega t$，则

$$e_1 = -N_1 \frac{\mathrm{d}\Phi}{\mathrm{d}t} = \omega\Phi_\mathrm{m}N_1\sin\left(\omega t - \frac{\pi}{2}\right) = E_{1\mathrm{m}}\sin\left(\omega t - \frac{\pi}{2}\right)$$

$$= \sqrt{2}E_1\sin\left(\omega t - \frac{\pi}{2}\right)$$

因为 $\omega = 2\pi f$，所以 e_1 的有效值为

$$E_1 = 4.44f\Phi_\mathrm{m}N_1$$

同理

$$E_2 = 4.44f\Phi_\mathrm{m}N_2$$

由以上式子得

$$\frac{E_1}{E_2} = \frac{N_1}{N_2}$$

由于一次绕组的电阻较小，故而 $u_1 \approx -e_1$

即

$$U_1 \approx E_1$$

而

$$U_{20} = E_2$$

所以

$$\frac{U_1}{U_{20}} \approx \frac{E_1}{E_2} = \frac{N_1}{N_2} = K_U$$

K_U 称为变压器的变压比，当 $K_U > 1$，即 $N_1 > N_2$ 时，变压器用作降压；而当 $K_U < 1$，即 $N_1 < N_2$ 时，变压器用作升压。在实际中，可根据需要，适当选择 N_1 和 N_2 即可达到升压或降压的目的。

2. 变压器的负载运行

将开关 S_2 闭合，变压器二次绕组接上负载，这种状态称为变压器的负载运行。

二次绕组接上负载 Z 后，在电动势 E_2 的作用下，就有电流 i_2 流过，产生了磁动势 i_2N_2，根据楞次定律，i_2N_2 将阻碍铁芯中原来的主磁通 Φ 的变化，影响 Φ_m 的大小。但由于电源电压 U_1 和频率 f 一定时，根据 $U_1 \approx E_1 = 4.44f\Phi_\mathrm{m}N_1$，$\Phi_\mathrm{m}$ 应该近似不变，而要保持 Φ_m 不变，则必须使一次电流从 i_0 增加到 i_1，由 i_0N_1 来维持 Φ_m 基本不变。这样，一次绕组和二次绕组之间虽然没有电的直接联系，却通过主磁通 Φ 将一、二次绕组联系起来形成磁的耦合。用表达式表示，即

$$i_1N_1 + i_2N_2 \approx i_0N_1$$

或用相量表示为

$$\dot{I}_1N_1 + \dot{I}_2N_2 \approx \dot{I}_0N_1$$

一般情况下，I_0 较小，当变压器接近满载状态时，I_0N_1 相对于 I_1N_1 和 I_2N_2 而言，可忽略不计。则有

$$\dot{I}_1N_1 \approx -\dot{I}_2N_2$$

$$\frac{I_1}{I_2} \approx \frac{N_2}{N_1} = \frac{1}{K_U} = K_I$$

式中 K_I——变流比。

上式说明，变压器的高压绕组匝数多，而流过电流小；低压绕组匝数少，而流过的电流大。电流小可选择较小的导线截面，电流大要选择较大的导线截面，因此从绕组的导线粗、细就可以分辨出高、低压绕组。

3. 变压器的阻抗变换作用

变压器除了变换电压和变换电流外，还可以进行阻抗变换。所谓阻抗变换，如图 3-7 (a) 所示，就是指变压器二次绕组接的负载阻抗 $|Z|$，变换为图 3-7 (b) 所示，点画线框部分的一次绕组接入电源两端的等效阻抗 $|Z'|$。

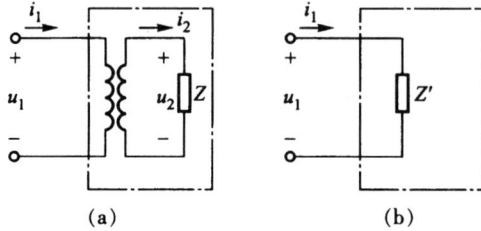

(a) 变压器阻抗变换；(b) 变压器一次绕组的负载阻抗

图 3-7　负载阻抗的等效变换

因为

$$\frac{U_1}{U_2} = \frac{N_1}{N_2}, \qquad \frac{I_1}{I_2} = \frac{N_2}{N_1}$$

故得到

$$\frac{U_1}{I_1} = \frac{\dfrac{N_1}{N_2}U_2}{\dfrac{N_2}{N_1}I_2} = \left(\frac{N_1}{N_2}\right)^2 \cdot \frac{U_2}{I_2} = K_U^2 \cdot \frac{U_2}{I_2}$$

因为

$$\frac{U_2}{I_2} = |Z|$$

所以

$$|Z'| = K_U^2 \cdot |Z|$$

在 $|Z|$ 和 $|Z'|$ 已经确定的情况下，只需要适当调整匝数比 K_U，就可以达到阻抗匹配的目的。这一原理在要求交流信号最大功率输出时得到较好的应用。

变压器具有三大功能，即变压、变流及阻抗变换。

五、变压器绕组

在实际工作中，有时要把绕组串联起来，以增高电压；有时又要把绕组并联起来，以增大电流。图 3-8 中两个绕组 A 和 B 匝数相同，绕向一致，额定电压都为 110 V，如果要把它们接到 220 V 交流电源上去时，必须 2、3 相连，1、4 接 220 V 电压；而如果要把它们接到 110 V 交流电压上去时，则必须 1、3 相连，2、4 相连后再接上 110 V 电压，如图 3-9 所示。

在图 3-8 和图 3-9 中线圈 A 和 B 上用"·"表示同名端（或同极性端）。这是由于此时该两个绕组的同名端 1、3 同时流进电流（或同时流出电流），使两绕组产生的磁动势方向在

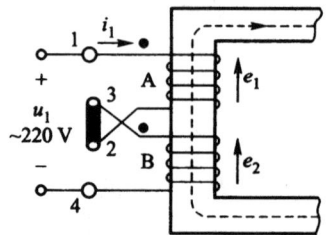

图 3-8　两个绕组串联

铁芯中是一致的。如图 3-9 所示，它们相互叠加使一次电路的电压 $u_1 = e_1 + e_2 + u_R + u_{LS}$（$u_R$ 为一次绕组电阻上的电压，u_{LS} 为绕组与空气形成的漏感抗上的电压）达到平衡。如果接错，则两个绕组 A 和 B 产生的磁动势方向在铁芯中相反，相互抵消，则反电动势 e_1 叠加，e_2 为零，将使 $u_1 = u_R + u_{LS}$；又由于绕组的电阻和漏感抗很小，将使电路中电流很大，以致烧坏变压器绕组。

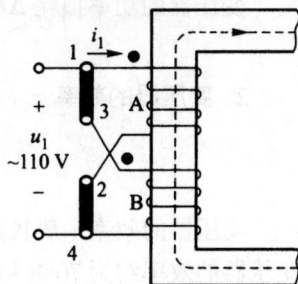

图 3-9　两个绕组并联

所以，要使两个绕组进行正确的串联，则应把两个绕组的非同名端连在一起，而电源则加到另外的两个接线端上，如图 3-8 所示。若要求两个绕组进行正确的并联，则应把两个绕组的同名端连在一起，电源加到并联绕组的两个接线端上，如图 3-9 所示。但应指出，只有额定电流相同的绕组才能串联，额定电压相同的绕组才能并联，否则造成其中某一绕组过载。

六、变压器的额定值

1. 额定电压 U_{1N} 和 U_{2N}

一次绕组的额定电压 U_{1N} 是根据变压器的绝缘强度和允许温升所规定加入的电压值，而二次绕组的额定电压 U_{2N} 是在一次绕组加上额定电压时二次绕组的空载电压。在三相变压器中，U_{1N} 和 U_{2N} 都是指线电压。

2. 额定电流 I_{1N} 和 I_{2N}

额定电流 I_{1N} 和 I_{2N} 是根据绝缘材料的强度所允许的温度而长期允许通过的电流最大值。在三相变压器中，I_{1N} 和 I_{2N} 是指线电流。

3. 额定容量 S_N

额定容量用视在功率来表示，单位为伏安（V·A）或千伏安（kV·A）。

在单相变压器中

$$S_N = U_{2N}I_{2N}$$

在三相变压器中

$$S_N = \sqrt{3}\, U_{2N}I_{2N}$$

4. 额定频率 f_N

额定频率是指加到变压器一次绕组上的电压允许频率。我国规定标准工业频率为 50 Hz。

七、变压器的损耗与效率

1. 变压器的损耗

变压器的输入功率为

$$P_1 = U_1 I_1 \cos \varphi_1$$

式中　　φ_1——一次绕组的输入电压 u_1 和输入电流 i_1 的相位差。

变压器的输出功率为

$$P_2 = U_2 I_2 \cos \varphi_2$$

式中　　φ_2——二次绕组的输出电压 u_2 和输出电流 i_2 的相位差。

变压器的功率损耗 ΔP 为

$$\Delta P = P_1 - P_2$$

2. 变压器的效率 η

$$\eta = \frac{P_1}{P_2} \times 100\%$$

变压器的效率一般较高，大容量变压器在额定负载时的效率可达 98% ~ 99%，小容量变压器的效率约为 70% ~ 80%。变压器的效率还与负载有关，轻载时效率很低，因此应合理选择变压器的容量，以免长期轻载或空载工作。

八、自耦变压器

普通变压器的一次绕组和二次绕组是互相分开的。而如果将变压器制成如图 3-10 所示的那样，将一次绕组和二次绕组合在一起，一次绕组和二次绕组之间不仅有磁的耦合联系，还有电的联系，这种变压器称为自耦变压器。

自耦变压器的工作原理与普通变压器相同，它也具有变压、变流的作用，即

$$\frac{I_1}{I_2} = \frac{N_2}{N_1} = K_I$$

$$\frac{U_1}{U_2} = \frac{N_1}{N_2} = K_U$$

只要适当选择 N_2，就可得到所需的二次电流 I_2 或二次电压 U_2。

汽车点火系统中使用的点火线圈就是自耦变压器。

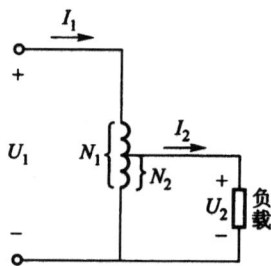

图 3-10　自耦变压器

第二节　汽车发电机的基本结构与拆装

一、交流发电机的基本构造和应用

目前，国内外生产的汽车交流发电机其结构基本相同，都是三相同步交流发电机，如图 3-11 所示。

三相同步交流发电机由风扇、V 形带轮、转子总成、定子总成、端盖、电刷与刷架等部件组成。

1. 风扇和 V 形带轮

（1）风扇　风扇的作用是在发电机工作时强制进行抽风冷却。常见的风扇一般由钢板冲制卷角而成，用半圆键安装在前端盖外侧的转轴上。它将机内的空气通过前端盖上的通风孔吸出来，使空气高速流经发电机内部对发电机的转子线圈和定子线圈进行强制冷却。另一种风扇直接安置在转子爪极上，前、后各一个，从外面看不到风扇，机壳类似网格，能直接把机内的热空气排出机外，冷却效果更好。

（2）V 形带轮　V 形带轮通过 V 形带将发动机的转矩传给转子。带轮通常用铸铁铸造，

有单槽与双槽两种，用半圆键装在转子轴上，再用弹性垫圈和螺母紧固。V形带轮直径会影响发电机的性能。

2. 转子总成

转子总成是交流发电机的磁极部分，用来产生磁场。由转子轴、两块爪形磁极、励磁绕组、磁轭、滑环等组成，如图3-12所示。

图3-11　交流发电机

在转子轴上压装有两块爪极，爪极呈鸟嘴形，每块爪极上各具有数目相同的鸟嘴形磁极，爪极间的空腔内装有导磁用的铁芯，称为磁轭。励磁绕组装在上面，励磁绕组用高强度漆包线绕制，两根引出线分别焊在与轴绝缘的两个滑环上。磁轭由低碳钢加工制成。当励磁绕组通电产生磁场后，爪极被磁化，一侧为N极，另一侧为S极，形成了相互交错的磁极。

3. 定子总成

定子总成是三相交流发电机的电枢，用来产生三相交流电。它由定子铁芯和三相绕组组成。定子铁芯用硅钢片冲制叠压而成。为减少磁损失，硅钢片两侧涂有绝缘漆或进行氧化处理。铁芯内圆冲有线槽，以便安放三相绕组，如图3-13所示。

图3-12　转子示意图

三相绕组对称地嵌在定子铁芯槽内，三相绕组多为星形联结（也有三角形联结），一般留有中性线。为使三相绕组能产生相同频率和电动势、相位相差120°的三相交流电，每相绕组的线圈个数、每个线圈的节距和匝数都必须完全相等。三相绕组的起端（或末端）在定子槽内的排列必须相隔120°。

4. 端盖

端盖的作用是支承转子，封闭内部结构，它采用铝合金压铸或用翻砂铸造而成。采用铝合金最主要的目的是为了防止漏磁，同时又可减少发电机质量，使散热性能良好。

图3-13　定子示意图

端盖有前、后之分。前端盖铸有安装臂，用于安装与调整V形带松紧度。在后端盖内装有电刷和刷架。

5. 电刷和刷架

两只电刷装在刷架的孔内，借弹簧的压力与滑环保持接触，将直流电引入励磁绕组。电刷由石墨制成。刷架多用酚醛玻璃纤维塑料制成。

一个电刷的引线接到发电机后端盖外部的接线柱上，成为发电机的磁场（F）接线柱；另一个电刷接到后端盖壳体上搭铁处，称为搭铁电刷（标记"—"），此方式称为内搭铁。搭铁电刷引线与机壳绝缘接到后端盖外部的接线柱上，这种方式称为外搭铁。

二、交流发电机的基本工作原理

交流发电机的基本原理是电磁感应原理。当励磁绕组通以直流电时，磁极被磁化，产生轴向磁场，两块爪形磁极被磁化，形成了六对相间排列的磁极。磁感线从转子的 N 极出发，穿过转子与定子间很小的气隙，进入定子铁芯，然后又经空气隙回到相邻的 S 极，通过磁轭构成回路。

当转子旋转时，励磁绕组所产生的磁场也随之转动，形成旋转磁场。固定不动的三相定子绕组在旋转磁场的作用下，产生交流电动势，如图 3-14 所示。由于三相绕组是对称绕制的，故产生三个频率相同、幅值相等、相位互差 120° 的正弦电动势 e_U、e_V 和 e_W，其瞬时值分别为

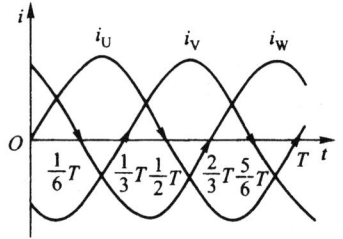

图 3-14　三相交流电

$$e_U = E_m \sin \omega t$$
$$e_V = E_m \sin (\omega t - 120°)$$
$$e_W = E_m \sin (\omega t + 120°)$$

式中　　E_m——每相电动势的最大值，单位为 V；

ω——角频率，单位为 rad/s。

对于定型的三相同步交流发电机而言，每相电动势有效值的大小，与转子的转速和磁极磁通的乘积成正比。即

$$E_P = Cn\Phi$$

式中　　E_P——相电动势有效值；

C——电机常数；

n——转子的转速；

Φ——磁极磁通。

若略去发电机内部压降，可得发电机的相电压 U_P 为

$$U_P = Cn\Phi$$

这就是三相同步交流发电机的电压变化规律。

三、交流发电机的工作特性

1. 空载特性

空载特性是指交流发电机空载时，输出电压与转速之间的关系，即 $I = 0$，$U = f(n)$，如图 3-15 所示。

从曲线中可以看出，随着转速的升高，端电压上升较快，在 2 处由他励转入自励发电，即向用电设备供电，并向蓄电池进行补充充电。因此，从空载特性可以判定发电机的性能。

2. 输出特性

输出特性也称负载特性，是指发电机向负载供电时，保持发电机输出电压一定（对 12 V 的发电机规定为 14 V，对 24 V 的发电机规定为 28 V），发电机的输出电流与转速关系，即输出电压 U 为常数时，$I_f(n)$ 的曲线，如图 3-16 所示。

在图 3-16 中，n_1 为发电机空载时，输出电压达到额定值的转速，称为空载转速；n_2 为发电机达到额定功率时的转速，称为负载转速。

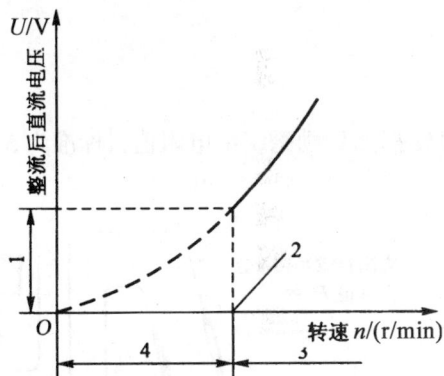

图 3-15　交流发电机空载特性

1—蓄电池电压；2—开始充电点；3—自励；4—他励

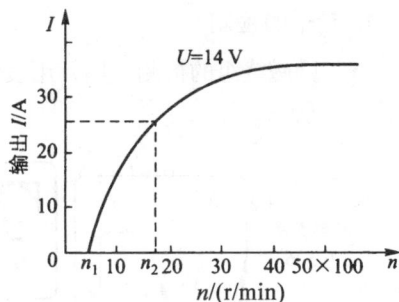

图 3-16　交流发电机输出特性

小锦囊

发电机在不同转速下输出功率的情况

● 交流发电机只需在较低的空载转速 n_1 时，就能达到额定电压值，具有低速充电性能好的优点。n_1 常用来作为选择发动机传动比的主要依据。

● 交流发电机达到额定功率（或额定电流）时的转速，称为负载转速 n_2。发电机额定电流一般规定为最大电流的 70% ~ 75%。

空载转速和负载转速是汽车交流发电机的主要指标。判断发电机性能是否良好，只要将测得的这两个数据与规定值相比即可得出。

● 当转速达到一定值后，发电机的输出电流不再随转速的升高而继续加大。这时发电机输出的电流为最大值。所以交流发电机具有自身限制输出电流的能力。这是因为交流发电机定子绕组的感抗与频率成正比。当转速升高时，尽管定子绕组中的感应电动势增加，但此时定子绕组的阻抗也随转速的升高而增加；同时，定子绕组电流增加时，由于电枢反应的增强会使感应电动势下降。所以当发电机转速达到一定值时，发电机的输出电流几乎不再增加。这样可避免用电设备过多，用电量过大时造成发电机过载而损坏的危险。

3. 外特性

外特性是指转速一定时，交流发电机的端电压随输出电流的变化关系，即 n 为常数时，$U = f(I)$ 的曲线。交流发电机的外特性如图 3-17 所示。

从外特性曲线还可看出，随着输出电流的增加，发电机的端电压随之下降。因此，当交流发电机在高速运转时，如果突然失去大的负载，端电压会急剧升高，而使发电机中的二极管、调节器中的电子元件有被击穿的危险，还可能损坏用电设备。故不能采用"试火"的方法检查发电机是否发电。并且要确定各接线端牢靠，特别是蓄电池的接线要可靠。

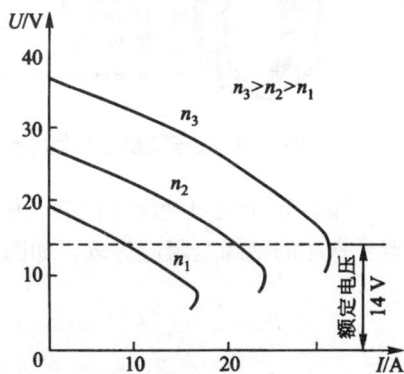

图 3-17　交流发电机外特性

四、交流发电机的检测种类

1. 转子的检测

（1）励磁绕组的检测　用万用表电阻挡 $R×1Ω$ 挡测量励磁绕组电阻值，标准为 $5～6$ Ω，如图 3-18 所示。

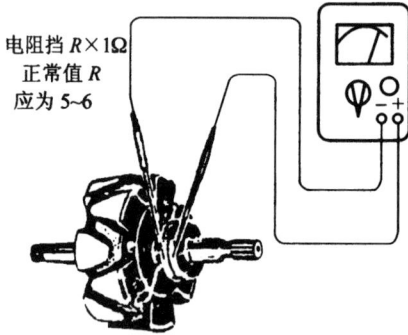

图 3-18　励磁绕组电阻值的检查

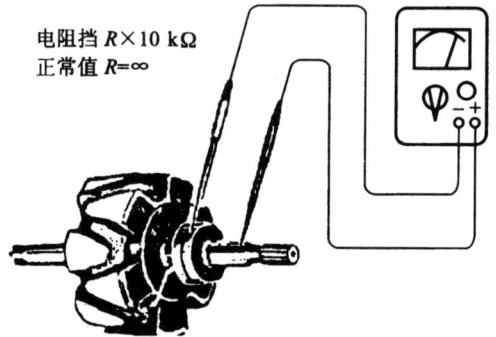

图 3-19　转子滑轮与转子轴绝缘电阻值的检查

（2）滑环的检测　用万用表检测转子滑环与转子轴颈之间的绝缘电阻值应为∞，如图 3-19 所示。

滑环的表面应无烧蚀或起槽现象；滑环厚度不能低于 1.5 mm；磨损伤痕深度小于 0.2 mm；爪极与爪极间隙应均匀。

2. 定子的检测

（1）定子绕组电阻值的检测　万用表电阻挡 $R×1Ω$ 挡检查三相绕组间的电阻，应小于 1Ω，如图 3-20 所示。

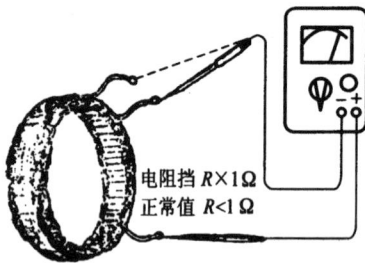

图 3-20　定子绕组电阻值的检测

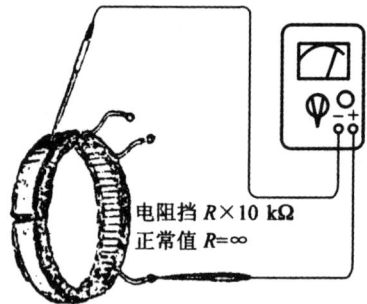

图 3-21　定子绕组绝缘性检测

（2）定子绕组绝缘性检测　用万用表电阻挡 $R×1$ kΩ 挡（或兆欧表）检查定子绕组与定子铁芯的绝缘电阻应为∞，如图 3-21 所示。

第三节 汽车电动机的基本结构与拆装

一、直流串励式电动机的基本构造

直流串励式电动机主要由电枢、磁极、机壳、端盖、电刷与刷架等部件组成，如图3-22所示。

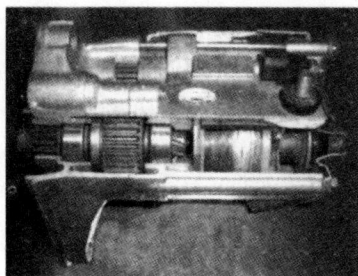

图 3-22 直流串励式电动机

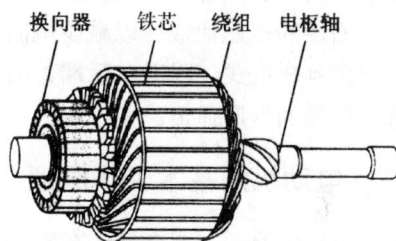

图 3-23 电枢

1. 电枢（又称转子总成）

电枢的作用是产生电磁转矩，由电枢铁芯、电枢绕组、换向器与电枢轴组成，如图2-23所示。

2. 磁极（又称定子总成）

磁极的作用是建立磁场，它由磁极铁芯和励磁绕组组成。为了增大启动转矩，磁极数一般为4个，功率大于7.35 kW的电动机有用6个磁极的，如图3-24所示。

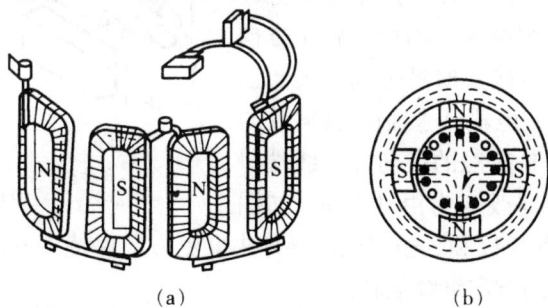

（a）　　　　　　　　　（b）

（a）励磁绕组；（b）铁芯

图 3-24 磁极

3. 机壳

电动机的外壳构成电动机的导磁回路。在机壳的一端留有检视孔，以便对电刷和换向器进行检修。通常检视孔装有防尘箍，以防灰尘和其他污物进入内部。其上有一绝缘接线柱，是电动机的电流引入线，起动机的电磁开关也安装在机壳上。

4. 端盖

端盖有两个。前端盖由铸铁浇铸而成，因起动机的传动机构装在内部，故又称为驱动端盖。在前端盖上设有拨叉座以及驱动齿轮的行程调整螺钉，并有小轴销支承拨叉，为了适应较长的电枢轴，还装有中间轴承板，以免电枢轴弯曲变形。后端盖一般为钢板压制而成。

前、后端盖及中间轴承板的中心装有青铜石墨轴承或铁基含油轴承，以适应起动机的冲击性载荷，同时也可避免经常加注润滑油。从后端盖的两个螺孔内穿入两个长的组装螺钉，拧入前端盖的螺母孔内就将电动机组装成为一整体。

5. 电刷与刷架

电刷与换向器配合，将电流引入电动机的励磁绕组及电枢绕组。电刷由铜粉（80% ~ 90%）与石墨粉压制而成，以减少电阻，并增加耐磨性。其顶部有软铜引线。

刷架多制成框式，固定在后端盖内，正极刷架与端盖绝缘，负极刷架本身搭铁。刷架上装有弹力较强的盘形弹簧，工作中压在电刷后部，以保证电刷与换向器接触良好。

二、电动机的基本工作原理

根据电磁学原理，通电导体在磁场中将受到电磁力的作用而产生运动，其运动的方向随通过电流的方向和所处磁场中磁极的位置而不同，按"左手定则"判定。

将置于永久磁场中并具有转轴的单匝线圈的两个端头，接在与转轴同转的两个彼此绝缘或分开的半圆形换向片上，半圆形换向片再与固定的上、下两块铜片（相当于电刷）滑动接触良好，将铜片引出两个接线柱，这就构成了一个最简单的电动机模型，如图 3-25 所示。

将直流电源的正、负线柱用导线经开关分别接至两铜片接线柱上，当闭合开关时，电流由正电刷 A 流入，由负电刷 B 流出，此时绕组中的电流方向是由 a 至 d，如图 3-25（a）所示。载流导体在磁场中受到电磁力的作用，产生了电磁转矩，力的方向按左手定则决定，因此，转矩方向为逆时针方向，电枢也将按逆时针方向旋转。当电枢转过半周，此时与正电刷 A 接触的换向片与线端 d 连接，而负电刷 B 接触的换向片与线端口连接，绕组中的电流方向改变为由 d 至 a，如图

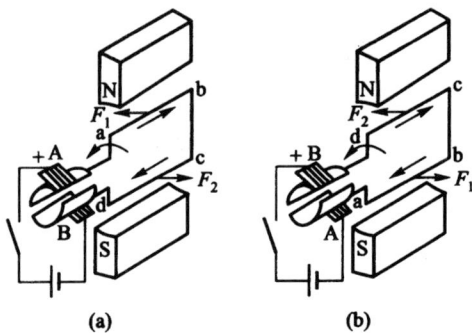

图 3-25　直流电动机的工作原理

3-25（b）所示，因而在 N 极和 S 极之间的导体中电流方向保持不变，电磁转矩方向也就不变，使电枢始终按原来的方向继续运转。

汽车上实际应用的电动机，为了获得较大的功率和转矩，保持比较平稳的转速，增加了线圈的数量与换向片数。同时，为了提高磁感应强度，获得理想的电机特性，采用由励磁绕组电流产生的电磁场。

三、直流电动机的工作特性

1. 启动转矩大且过载能力强

由实验可知，电动机产生的转矩 T 的大小，与电枢电流 I_a 和磁极磁通的乘积成正比，可用下式表示

$$T = C_T I_a \Phi$$

式中，C_T 为电动机常数，决定于电动机的设计和结构，对定型电动机而言为一常数。

当直流电输入直流电动机的电枢和励磁绕组时，电动机旋转后，电枢切割磁感线，在电枢绕组上产生反电动势 $E_{反}$。即

$$E_{反} = Cn\Phi$$

式中，n 为电动机转速，单位为 r/min。

这样外加电压 U 的一部分消耗在电枢绕组的内电阻 R_a 和励磁绕组 R_f 上，另一部分则用来平衡所产生的反电动势。即

$$U = E_{反} + I_a(R_a + R_f)$$

上式反映了电动机运转时必须满足的基本条件，称为电压平衡方程式。将上式变换一下即可得电枢电流

$$I_a = U - E_{反} / (R_a + R_f)$$

分析上式可知，电动机在恒压运转下，启动时 $n = 0$，I_a 增大，电磁转矩也增大。当负载增强时，由于轴上的阻力矩增大而使电枢转速下降，$E_{反}$ 也随之减小，使电枢电流 E_a 增大，所以，电磁转矩也增大，直到电动机的电磁转矩与阻力矩相平衡时，则又在新的负载下以新的转速平稳运转。

2. 重载与轻载

重载转速低，轻载转速高。

直流串励式电动机的励磁绕组和电枢绕组是串联的，所以，磁场电流 I_f 与电枢电流 I_a 相等，即

$$I_f = I_a$$

在磁路未饱和时，磁极磁通还与磁场电流成正比。即

$$\Phi = C_f I_f = C_f I_a$$

又

$$T = C_T I_a \Phi = C_T C_f I_a^2 = C I_a^2$$

式中，$C = C_T C_f$。

根据直流电动机的转速随电枢电流的变化关系

$$n = f(I_a)$$

得电动机转速为

$$n = \frac{U - I_a(R_a + R_f)}{C_T \Phi} = \frac{U - I_a(R_a + R_f)}{C_T C_f I_a}$$

由上式可知，在轻载时，I_a 小，转速高；重载时，I_a 大，转速低。直流串励式电动机在重载时转速低而转矩大，可以保证启动安全可靠。但是在轻载时转速高，容易造成"飞车"事故。因此，直流串励式电动机不允许在轻载或空载下运行。

四、直流电动机的启动

直流电动机刚接入电源启动时，因为电动机转速等于零。电枢上的反电动势为零。故而外加电压全部加到电枢电阻上，而电枢电阻一般都较小，此时电动机的电枢电流会很大。即启动电流为

$$I_{st} = \frac{U}{R_a}$$

例如，一台直流电动机的额定电压为 220 V，电枢电阻为 0.4 Ω，其额定电流为 50 A，则直接起动时的电流为

$$I_{st} = \frac{U}{R_a} = \frac{220}{0.4} \text{ A} = 550 \text{ A}$$

这样大的起动电流（为额定电流的 11 倍），会使直流电动机的换向器形成火花而烧坏。因此起动时，必须在电枢电路中串入电阻或降低电源电压，以限制其起动电流。但又要考虑起动转矩不应因起动电流减小太多而影响起动能力，一般限制在 1.5 ~ 2.5 倍额定电流。如图 3-26 所示为并励式直流电动机的起动线路图。起动时将起动变阻器 R_{st} 放到最大位置，随着电动机转速的逐渐升高，逐步减小起动变阻器 R_{st} 最后使它短接，而此时磁场变阻器 R_f 调到最小。增加磁通 Φ，使电动机的电磁转矩增大，增加起动能力。

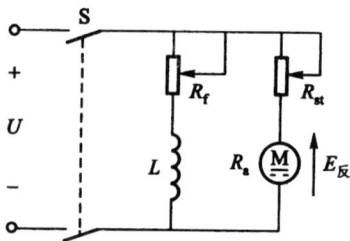

图 3-26　并励式直流电动机的起动线路图

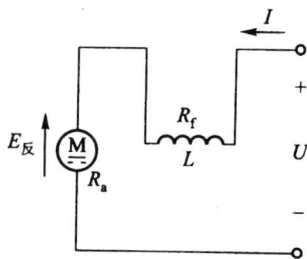

图 3-27　串励式电动机的线路

汽车起动机采用串励式直流电动机，即励磁绕组与电枢绕组串联，如图 3-27 所示。起动时，可使电流达到最大（约 100 A），此时电枢的输出转矩也最大，使汽车很容易起动。而汽车起动机允许短时间超载工作。串励式比并励式直流电动机的起动转矩要大得多。

五、直流电动机的种类

直流电动机的调速一般有以下三种。以并励式直流电动机为例，电动机转速为

$$n = \frac{U - I_a R_a}{C_T \Phi}$$

可以通过改变 Φ、R_a 及 U 来进行调速。

1. 改变磁极磁通 Φ

改变磁通 Φ 值的大小，可以改变转速 n。为此在励磁电路中串接一个磁场变阻器 R_f，如图 3-28 所示。如把磁场变阻器阻值增大，则励磁电流减小，磁通 Φ 也随之减小，电动机的转速升高；反之，磁场变阻器阻值减小，则电动机的转速降低。

由于并励电动机的励磁电流较小，而在调速过程中能量耗损也较小，故而实际使用中应用较广。

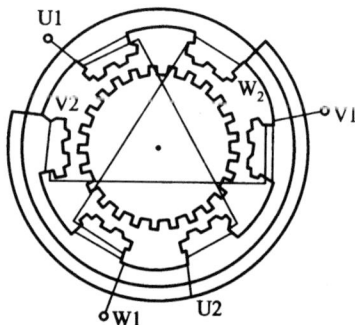

图 3-28　并励式电动机改变 Φ 的调速线路

串励式直流电动机也可采用改变磁通 Φ 来调速，不过此时磁场变阻器 R_f 必须与励磁绕组并联，如图 3-29 所示。磁场变阻器阻值减小，通过变阻器的电流增大，而励磁绕组的电流减小，磁通 Φ 减小，电动机转速升高；反之，则转速降低。

改变磁极磁通 Φ 来调速。电动机的转速只能在其额定转速以上平滑调节。

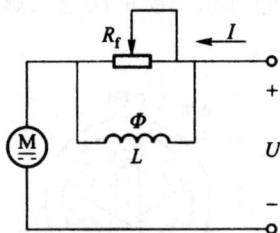

图 3-29　串励式电动机改变 Φ 的调速线路　　　　图 3-30　电枢电路中串接电阻调速

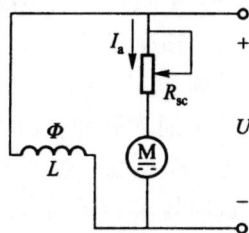

2. 改变电枢电路中的电阻

在电枢电路中串联一个可调变阻器 R_{sc}，如图 3-30 所示。当 R_{sc} 增大时，电枢电流 I_a 减小，则转速降低；反之，R_{sc} 减小时，电动机转速将升高。

由于电枢电流一般较大，故而调速电阻 R_{sc} 要消耗大量的能量，不太经济。另外，还会使电动机的机械特性变软。这种调速方法，只能使电动机的转速在额定值以下比较平滑地调节。

3. 改变电源电压 U

由公式 $n = \dfrac{U - I_a R_a}{C_T \Phi}$，若保持励磁电路中磁通 Φ 不变，改变电动机的直流电源电压 U，可以实现平滑调节。

为改变直流电压电源，过去常采用直流发电机，现在大多数采用晶闸管整流电源。

六、直流电动机的转向原理

由直流电动机的工作原理可知，要改变直流电动机的转向，只需要改变电枢电流方向或者励磁电流方向，但两者只能取一，通常是采用改变电枢电流方向。因为励磁电路的电感较大，故而反接时会产生很高的感应电动势而击穿励磁绕组。

七、步进电动机的基本工作原理

步进电动机是一种将脉冲信号转换成相应的机械位移（角位移或线位移）的机电装置。因为其随输入脉冲信号而断续性运转，故又称脉冲电动机。

步进电动机的转角与输入脉冲数成正比，其转速与电脉冲频率成正比，而不受电压波动、负载变化和外界环境的影响。与一般电动机相比，步进电动机具有快速启动、反转和停止等特点，并有调速范围宽、角位移（线位移）误差不会长期累积等优点，因此被广泛应用于数字控制系统中。

与一般电动机不同，步进电动机不是连续性转动，而是按输入脉冲信号一步一步转动的，每输入一个脉冲，电动机就转过一个固定的角度，而它的旋转方向随输入脉冲相序的改变而改变。

步进电动机按转矩产生的原理可分为反应式步进电动机和励磁式步进电动机两类。励磁式步进电动机大体上与反应式步进电动机相同，只是转子上多了励磁绕组，这里主要讲述反应式步进电动机。

图 3-31 所示为最简单的反应式步进电动机。在对称的定子铁芯磁极上，绕有三相星形联结的控制绕组，中间转子铁芯没有绕组。当每对磁极上的每相绕组依次通入脉冲直流电时，转子会跟着节拍旋转起来。

其工作原理如下：

当 U 相绕组先通入脉冲直流电，定子与转子的气隙间即产生了一个磁场，磁场方向与 U 相绕组轴线重合一致，这时转子会受到电磁力的作用，产生电磁转矩，使其转到与 U 相绕组轴线一致，此时转子的切向电磁力为零，因而转矩也为零，故停止转动。

图 3-31　反应式步进电动机工作示意图

接着 V 相绕组通入脉冲直流电，定子与转子间的气隙磁场方向又与 V 相绕组轴线一致，则转子又转到 V 相绕组轴线处，使转子在空间转了 60°。接着 W 相通入脉冲直流电，转子又在空间转了 60°。

如果定子绕组按 U、V、W、U、…顺序分别通电，转子就会沿着顺时针一次转 60°，继续旋转下去。

转子在空间每旋转一个角度，称为前进了一步，这个角度称为步进角。而将从一相通入脉冲信号换接到另一相通电称为一拍。反应式步进电动机每一拍，转子前进一步。

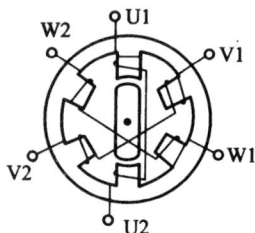

知识库

实际的三相反应式步进电动机示意图

如图 3-32 所示，在每个定子磁极上和转子表面增加了小齿，定子与转子的齿距相同，齿数适当。使得在一对磁极下的定子与转子的小齿一一正对应，如图中 U 相绕组，而下一相绕组（如 V 相）的定子与转子的小齿，正好错开 t/m（z 为齿距，m 为相数），而下一相绕组（如 W 相）的定子与转子的小齿又错开了 2t/m。依次推算下去，在定子绕组磁场作用下，步进电动机每一拍，转子则转过相当于 t/m 齿距的角度 Q，即有

图 3-32　三相反应式步进电动机工作示意图

$$Q = \frac{360°}{ZN}$$

式中　　Z——转子齿数；

　　　　N——转子转过一个齿距的运行节拍数。

因此步进电动机通电 $J7V$ 拍，转子则转过 NQ 角度，相当于一个齿距。

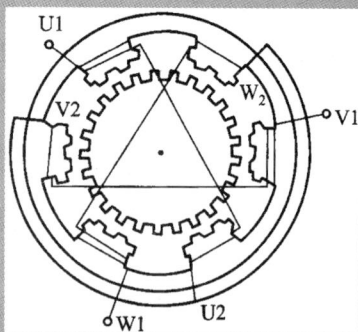

八、直流电动机的检测方法及种类

电动机的常见故障有：电刷磨损、沾油或卡死在刷架中，励磁绕组断路、短路与搭铁、电枢绕组断路、搭铁，以及电枢轴弯曲及换向器表面烧蚀等。

1. 励磁绕组的检查

（1）断路故障　最常见的断路点是在机壳接线柱与绕组抽头之间的连接导线焊接处、各励磁绕组之间的接线处，在拆检的同时应注意观察。

（2）搭铁故障　励磁绕组的搭铁故障多因绝缘层击穿或被碰伤所致，可用 220 V 试灯检查，也可用万用表的电阻挡检查，如图 3-33 所示。

（3）短路故障　当励磁绕组存在匝间短路时，绕组表面有烧焦痕迹。对于无烧焦痕迹的绕组，可将其放在电枢感应仪上检查，如图 3-34 所示。存在短路故障的励磁绕组，感应仪通电 5 min 后，会出现发热现象。

2. 电枢的检查

（1）断路故障　首先应查看绕组端头与换向片的焊接点，若有脱焊及焊料熔化流失的痕迹，即可断定此处断路；若发现某换向片烧蚀严重，应注意检查此换向片嵌线槽处是否有焊料熔化痕迹。也可用万用表测量换向器上相邻两个铜条之间的电阻是否为 0，如果不是，则表示换向器铜条之间断路，应更换电枢。

（2）搭铁故障　电枢绕组的搭铁故障可用 220 V 试灯检查。用试灯的一支表笔接电枢铁芯，另一支表笔接换向片，如图 3-35 所示，若试灯亮说明存在搭铁故障。若接触另一些换向片时灯不亮，则说明同时存在搭铁和断路故障。也可用万用表测量换向器的每个铜条与电枢轴之间的电阻是否为 ∞，如果不是则表示换向器铜条有短路，应更换电枢。

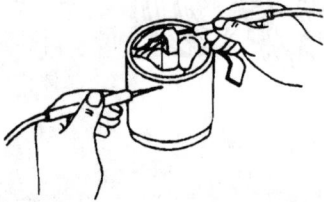

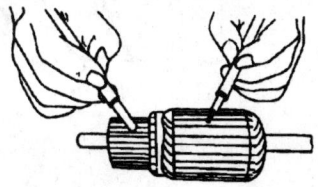

图 3-33　励磁绕组搭铁故障检查　　　图 3-34　励磁绕组短路检查　　　图 3-35　转子搭铁故障检查

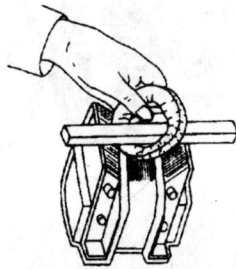

（3）匝间短路故障　首先应检查各线圈在铁芯两端的槽外部分有无变形及相互接触现象。在校正变形并确认无接触故障后，可将电枢放在电枢感应仪上检验，如图 3-36 所示。

当测试仪通电后将钢片置于电枢铁芯上，并一边转动电枢一边移动钢片。当钢片在某一部位产生振动时，说明该处电枢绕组短路，应更换电枢。

（4）电枢轴弯曲与换向器偏心检查　当起动机出现"扫膛"或换向器处出现冒火花等现象时，应按图 3-37 所示方法检查电枢外圆表面和换向器表面的径向跳动。通常，电枢铁芯外圆表面跳动量不大于 0.15 mm，换向器表面跳动量不大于 0.05 mm。

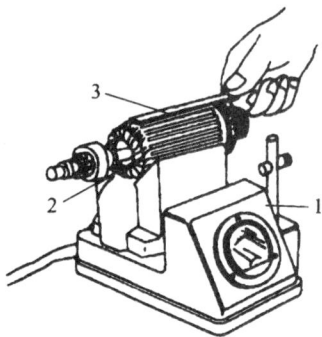

图3-36 电枢绕组短路检查
1—电枢感应仪；2—电枢；3—钢片

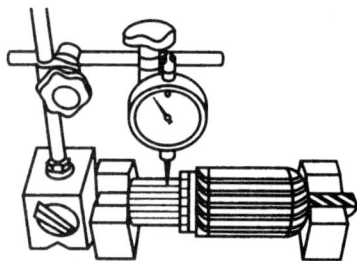

图3-37 电枢轴弯曲检查

知识库

交流发电机的拆装

1. 交流发电机的分解（如图3-38所示）

①拆下电刷罩盖，取出电刷。

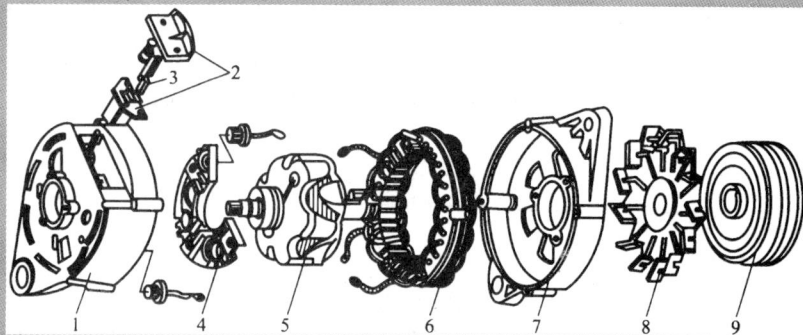

图3-38 交流发电机结构
1—后端盖；2—碳刷架及盖；3—碳刷；4—元件板；5—定子；6—转子
7—前端盖；8—风扇；9—皮带轮

②拆下前后端盖固定螺母，用橡皮榔头轻击前驱动端盖，使前、后端盖分离。

③拆下带轮锁紧螺母，取下皮带轮、风扇叶、垫片、半圆键，用橡皮榔头轻击前端盖使转子与前端盖分离。

④拆下定子绕组与元件板连接螺母，取下定子绕组。

2. 交流发电机的组装

①按分解的逆顺序组装发电机。

②装复后的发电机应转动灵活，无卡滞现象。

直流电动机的拆装

直流电动机的组成如图3-39所示。

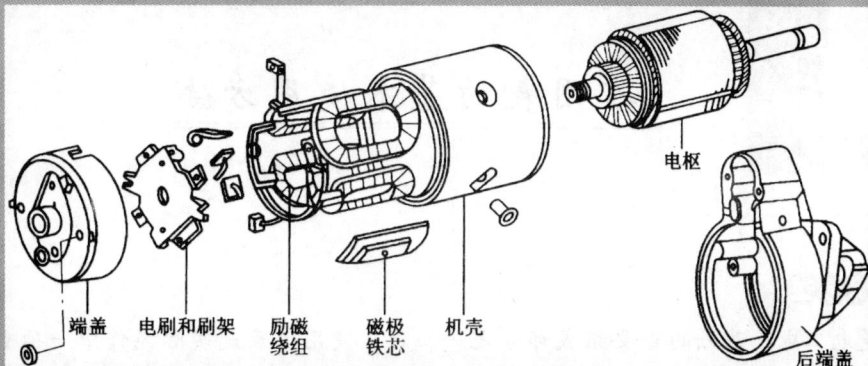

端盖　电刷和刷架　励磁绕组　磁极铁芯　机壳　电枢　后端盖

图 3-39　直流电动机的组成

1. 直流电动机的分解

①拆下防尘盖，取出电刷，然后旋下螺钉。

②取下后端盖，调整垫片及机壳。

③拆下拨叉固定螺栓，取出转子。

2. 直流电动机的组装

①按分解的逆顺序组装起动机，装复后的起动机应转动灵活、无卡滞现象。

②用一字螺丝刀沿轴向拨动驱动齿轮，应能伸出并能自动回位。

每章一练

1. 试用自感应现象，分析日光灯电路中镇流器的作用。

2. 已知汽油发动机点火线圈二次绕组匝数为 23 800 匝，一次绕组匝数为 340 匝，一般要点燃混合气二次电压需 15 000 V 左右，问在点火时一次电压应保持多少伏?

3. 试分析直流电动机当发生机械卡住时，若启动会产生什么后果。

4. 直流电动机的调速方法有哪些?

第四章 万用表的基本使用方法

仪表是电工电子基础的重要组成部分之一。正确使用仪表是实际操作中一项重要的功能。本章主要讲述了指针或万用表和数字式万用表的相关知识。

教学目标

1. 了解指针式万用表性能及使用和维护方法，熟练掌握指针式万用表的使用方法。
2. 了解数字式万用表性能及使用和维护方法，熟练掌握数字式万用表的使用方法。

＊ ＊ ＊ ＊ ＊ ＊ ＊ ＊ ＊ ＊

第一节 指针式万用表的结构及其使用方法

一、指针式万用表的基本结构

指针式万用表（又称为机械式万用表）是一种用途广泛的常用测量仪表，其型号很多，使用方法基本相同。下面以 MF47 型指针式万用表为例介绍万用表的使用，如图 4-1 所示。

MF47 型指针式万用表为多功能磁电系整流式仪表，可测量直流电流、直流电压、交流电压、电阻等，共有 25 个基本量程和 4 个附加量程。

万用表面板主要分成两个区域，即刻度区、换挡开关区。换挡区分成电流挡、直流电压挡、交流电压挡以及电阻挡（又称欧姆挡），各挡又分成若干量程挡，刻度区对应不同测量挡有不同的刻度线。

主要技术规格见表 4-1。

1. 操作面板

（1）" + "、"COM" 插孔　用以插入红（ + ）、黑

图 4-1　MF47 型万用表示意图

（COM）表笔，如图 4-2 所示。

表 4-1　MF47 型指针式万用表技术规格

测量种类	测量范围	灵敏度	精度等极
直流电流	0 ~ 0.05 mA ~ 0.5 mA ~ 5 mA ~ 50 mA ~ 500 mA ~ 5 A	—	2.5%
回流电压	0 ~ 1 V ~ 2.5 V ~ 10 V ~ 50 V ~ 250 V ~ 500 V ~ 1 000 V	—	(0 ~ 1 000 V) 2.5% 2 500V 5%
交流电压	0 ~ 10 V ~ 50 V ~ 250 V ~ 500 V ~ 1 000 V ~ 2 500 V	—	5%
电阻	×1 Ω　×10 Ω　×100 Ω　×1 kΩ　×10 kΩ	—	—
晶体管直流放大倍数	h_{FE}: 0 ~ 600	—	—
电感	L: 2 ~ 1 000 H	—	—
电容	C: 0 ~ 0.03 ~ 0.1 ~ 0.31 μF	—	—
音频电平	− 10 dB ~ + 22 dB ~ + 36 dB ~ + 50 dB	—	—

图 4-2　MF47 型万用表操作面板

（2）NPN、PNP 插孔　用于测量晶体管的直流放大系数 h_{FE}，使用时，根据 NPN、PNP 型晶体管分别插入相应插孔。

（3）2 500 V、5 A 插孔　分别测量 2 500 V、5 A 挡的交流电压和直流电流，使用时将红表笔插入该孔内。

（4）机械调零　在未作任何连接前，观察指针是否指在刻度盘最左端零刻度线处，如不指在零刻度处，则用一字旋具调整表盘中间机械调零旋钮，将指针调整到零刻度处。

（5）电阻挡调零　如果是测量电阻，将红、黑表笔分别插入"＋"、"COM"或"－"孔中，将红黑两表笔短接，观察指针是否对准刻度盘最右端零欧姆刻度线处，如没有，则调节欧姆调零旋钮使之对准，此称为欧姆调零。

（6）转换开关的作用　其作用是选择测量的项目和适当量程。

2. 表盘刻度数

MF47 型指针式万用表有 8 条刻度线，从上往下数，第一条刻度线上标有"Ω"字样，表明该刻度线上的数字为被测电阻值；第二条刻度线用于交、直流电压和直流电流读数的公用刻度线；第三条刻度线的两端标有 10 V，专供 10 V 交流电压挡使用；第四、五条刻度线是测量晶体管放大倍数专用刻度线，如图 4-3 所示。

注意：

①电压、电流挡的刻度线是均匀的，且零刻度线位于表盘的最左端。

②欧姆挡的刻度线是不均匀的，且零刻度线位于表盘的最右端。

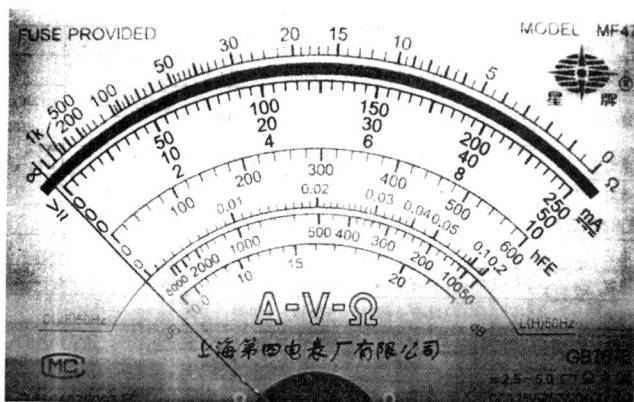

图4-3　MF47型万用表盘刻度线

使用万用表注意事项

①测量前，必须明确被测量的量程档。如果无法估计被测量的大小，应先拨到最大量程档，再逐渐减小量程到合适的位置。

②万用表在使用时一般应水平放置为好。

③读数时，视线应正对着表针，若表盘上有反射镜，眼睛看到的表针应与镜里的影子重合。

④测量完毕，养成习惯将量程选择开关旋钮旋至最高交流电压挡位置（或OFF挡）。

⑤长期不用的万用表，应将电池取出，避免电池存放过久而变质，漏出的电解液腐蚀其零件。

二、指针式万用表的使用方法

1. 万用表测量电流的方法

用万用表测量电流时应注意的问题（图4-4）：

● 万用表电流挡必须串联于被测电路中，且使电流从电流表"＋"端流入，从"COM"或"－"端流出。

● 测量前应检查指针是否对准零刻度线，如果有偏差，要调节表盘上的调零旋钮进行调节。

● 要选择合适的量程挡，通过万用表的电流不能超过它的量程。如果不能估计被测电流的大小，可以先将挡位调至最高挡位，然后向下逐渐降低挡位，如果指针偏转仍然在较小的范围内，可以再选用较小的一个量程进行试测量，直到指针偏转到表盘中间位置。

● 严禁将电流表并接在被测电路两端。

2. 万用表测量电压的方法

用万用表测量电压要注意的问题（图4-5）：

● 万用表电压挡应并接于被测电路的两端，且使电流从电压表"＋"端接线柱流入，从"COM"或"－"端接线柱流出。

● 注意所测电压不能超过电压表量程，如不能估计被测电压，可以采用碰触法（方法同电流测量的相同）。

● 使用电压表前应先调零。

3. 万用表测量电阻的方法

使用万用表测量电阻要注意的问题：

● 万用表电阻挡应并接于被测电阻的两端，测量前应首先依据实物读出标称值。

● 万用表欧姆调零，每改变一次量程测量电阻前，均要重新进行一次欧姆调零。注意：如万用表在使用一段时间后，欧姆调零可能难以调整到位，此时可能需要更换万用表的电池。

● 正确选择测量挡，注意不能选错，如果错将电阻挡当成电压挡接到电路中，将产生严重后果。

● 测量电阻时，由于欧姆表刻度不均匀，为提高读数的准确度，选择量程挡时以使指针偏转到满刻度的1/2~2/3之间为宜。

● 测量电阻时注意接入方式必须正确，不要将人体电阻接入以免产生误差，如图4-6所示。

图4-4 万用表测量电流示意图

图4-5 万用表测量电压示意图

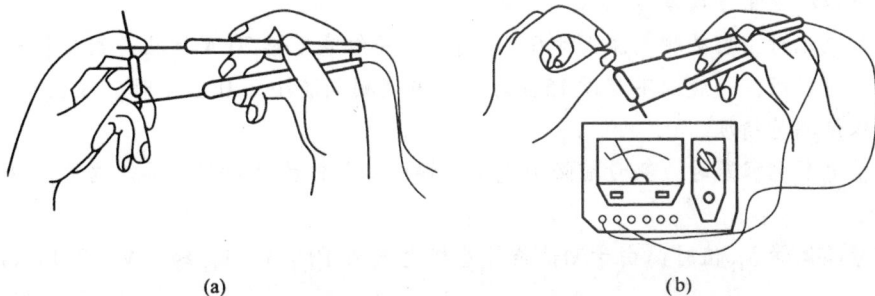

（a）错误接法；（b）正确接法

图4-6 万用表测量电阻示意图

第二节　数字式万用表的结构及使用方法

数字万用表由于采用了大规模集成电路，使得操作变得更简便，读数更精确，而且还具备较完善的过电压、过电流等保护功能。由于数字万用表的型号众多，这里仅以大屏幕液晶显示数字万用表 VC—9802A 型为例，介绍数字万用表的使用方法。

一、数字式万用表的主要特点

1. VC—9802A 型万用表的主要特点

● CMOS 集成电路，双积分原理 A/D 转换，自动校零，自动极性选择，超量程指示。

● 液晶显示屏幕采用高反差 70 mm×40 mm 大屏幕，字高达 25 mm，按观察位置需要，显示屏幕可自由改变角度约 70° 以获得最佳观察效果。

● 有自动关机功能，开机之后约 15min 会自动切断电源，以防止仪表使用完毕忘关电源。重复电源开关操作，即可继续开机。

● 新优化设计的高可靠量程/功能转换开关结构，采用 32 挡位，更有效地避免误操作。

2. 使用 VC—9802A 型数字万用表的注意事项

● 仪表的使用或存放应避开高温（>40 ℃）、寒冷（<0 ℃）、阳光直射、高湿度及强烈振动环境。

● 测量时，若万用表显示溢出符号"1"，说明已发生过载，应更换高一级的量程再进行测量。

● 测量电压时，不论直流还是交流，都要选择合适的量程。当无法估计被测电压的大小时，应先选最高量程进行测量，然后再根据情况选择合适的量程。

● 测量较高电压时，不论直流还是交流，都要严禁拨动量程开关，否则将会产生电火花，使万用表损坏。

● 测量交流电压时，只能直接测量低频（40~400 Hz）正弦波信号。

● 测量直流电压时，最好把万用表的红表笔接被测电压的正极，黑表笔接被测电压的负极，这样可以减少测量误差。

● 测量电流时，当被测电流大于 0.2A 时，应将红表笔接 20 A 插孔。测量大电流时，测量时间应尽可能短，一般以不超过 15 s 为宜。当被测电流小于 0.2 A 时，红表笔应接"A"插孔，以保证测量精度。

● 测量电解电容器时，测量前必须先将电解电容器作放电处理后再行测量，以免损坏万用表。

● 测量晶体管 h_{FE} 值时，由于测试条件基极电流为 10 μA，V_{CE} 约 3 V，因此只能是一个近似值。

● 在使用各电阻挡、二极管挡时，红表笔接 V/Ω 插孔（带正电），黑表笔接 COM 插孔；这与指针式万用表在各电阻挡上表笔的带电极性恰好相反，使用时应特别注意。

● 测量完毕，应立即关闭电源 POWER；若长期不用，则应取出电池，以免电池漏液损坏万用表。

二、VC—9802A 型数字万用表的面板

● 按钮 POWER（或 ON、OFF）——用于开机和关机。

● LCD 显示屏——用于被测量值与标志符的显示，最大显示 1 999 或 -1 999，有自动调零及极性自动显示功能。

● Ω 电阻挡——将量程开关置于电阻挡的不同挡位时，便可测量相应挡位的电阻值。

● 二极管及蜂鸣器挡——将量程开关置于二极管及蜂鸣器挡位时，就可以测量二极管的正向电压 V_F（电压单位为 mV）或作通断路检测。

● A～交流电流挡——用于测量交流电流，将量程开关置于该挡的不同挡位时，便可测量相应量程的交流电流。

● A－直流电流挡——用于测量直流电流，将量程开关置于该挡的不同挡位时，便可测量相应量程的直流电流。

● F 电容挡——用于测量电容器电容，测量时，要根据被测电容器容量的大小，将量程开关置于相应的量程，将电容器的两引线插入"CX"插孔中。

● h_{FE} 插座——用于测量 NPN、PNP 晶体管的直流放大倍数（系数）。测量时将量程开关于 h_{FE} 挡位，并且将晶体管的各极插入相应的插孔中。

● V～交流电压挡——用于测量交流电压，将量程开关置于该挡的不同挡位时，便可测量相应量程的交流电压。

● V－直流电压挡——用于测量直流电压，将量程开关置于该挡的不同挡位时，便可测量相应量程的直流电压。

● HOND 按钮——保持测量值按钮，按下此按钮即可将测量值保持，释放此按钮又即刻进入测量状态。

● VΩ 插孔测量电压、电阻时——将红表笔插入此插孔，同时将黑表笔插入 COM 插孔。

● COM 插孔——用于插入黑表笔。

● A 插孔——测量 0.2 A 以下电流时，将红表笔插入此插孔，同时将黑表笔插入 COM 插孔。

● 20 A 插孔——测量 0.2 A 以上 20 A 以下电流时，将红表笔插入此插孔，同时将黑表笔插入 COM 插孔。

每章一练

一、填空题

1. 万用表表盘有多组刻度线，其中＿＿＿＿＿及＿＿＿＿＿刻度线是均匀的，其零刻度线在表盘的最＿＿＿＿＿端，而＿＿＿＿＿刻度线是不均匀的，其中最密的部分在表盘的最＿＿＿＿＿端，其零刻度线在表盘的最＿＿＿＿＿端。

2. 万用表在不使用时，应置于＿＿＿＿＿挡，而不应置于＿＿＿＿＿挡，否则易于＿＿＿＿＿。

3. 万用表的调零分为＿＿＿＿＿调零和＿＿＿＿＿调零，其中每次进行电阻挡换挡测量时，都必须做的调零是＿＿＿＿＿调零。

4. 用万用表测量直流电流时，必须先＿＿＿＿＿电路，然后将电流表＿＿＿＿＿连到电路中，且应使电流从电路的＿＿＿＿＿极流入，＿＿＿＿＿极流出。

5. 万用表欧姆挡的零刻度位于表盘的最_____端（填左或右），其刻度线是不均匀的，由左至右刻度线由_____变_____（填疏或密）。为提高读数的精确度，应通过选择合适量程挡，使指针指示在满刻度的_____左右。

二、判断题

1. 被测电流超过电流表量程有可能烧毁电流表。 （　　）
2. 万用表在保存时应将转换开关置于最大电阻挡。 （　　）
3. 欧姆表在每次换挡测量前都必须进行欧姆调零。 （　　）
4. 万用表测量电流、电压时发现万用表指针反转，说明实际电流方向与参考方向相反。
（　　）

第五章

晶体管放大电路的基本知识

本章概述

随着电子技术在汽车上的适用，汽车电子化程度进步提高，学习和掌握、电子技术中的晶体管放大电路相关知识，可以为以后学习汽车电器设备的维修打好扎实基础。

教学目标

1. 了解低频电压放大器的相关知识。
2. 理解多级放大器的三种级间耦合方式及射极输出器的特点。
3. 掌握集成运算放大器的组成和符号及集成运放的特性。

* * * * * * * * * *

第一节 低频电压放大器的结构及特点

图 5-1 为扩音机的组成示意图，而图 5-2 所示是放大器的方框图。由图可以看出，构成放大器必须有四个端子，两个输入端子，以引入要放大的信号；两个输出端子，是把放大了的信号送到负载。而晶体管只有三个电极，用它构成放大器时，必须用一个电极作为输入端，一个电极作为输出端，剩下的一个电极作为输入、输出的公共端。因此，晶体管构成放大器就有三种连接方式，如图 5-3 所示。通常，以哪个电极作为公共端，就把它称为共哪个电极电路。图 5-3 的三个电路分别是：共基极电路、共发射极电路和共集电极电路。

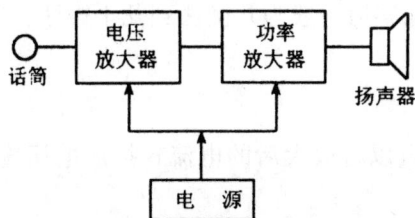

图 5-1 扩音机的组成

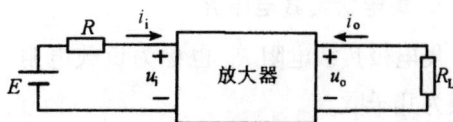

图 5-2 放大器方框图

放大器的种类很多，性能各异，按频率高低可分为低频放大器、中频放大器、高频放大器和直流放大器；按用途可分为电压放大器、电流放大器和功率放大器。本节主要讨论低频电压放大器。

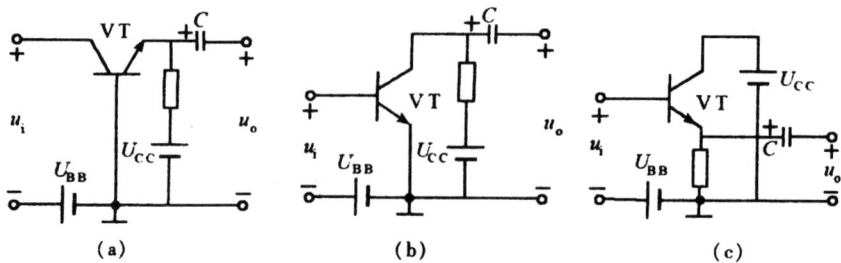

（a）共基极电路；（b）共发射极电路；（c）共集电极电路

图 5-3　晶体管放大电路的三种连接方式

一、低频电压放大电路的基本结构

如图 5-4 所示电路中构成元件的组成及作用如下：

1. 电源 U_{CC}

电源 U_{CC} 提供了三极管工作所需要的能量，且使三极管的发射结正偏，集电结反偏，保证三极管处在放大状态，同时也是放大器的能量来源，提供电流 I_B 和 I_C，U_{CC} 一般在几伏到十几伏之间。

2. 基极偏置电阻 R_B

基极偏置电阻 R_B 用来调节基极偏置电流 I_B，使三极管有一个合适的工作点，一般为几十千欧到几百千欧。

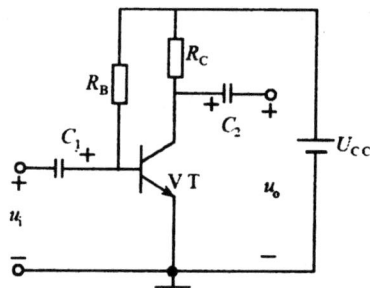

图 5-4　基本低频小信号放大器

3. NPN 型三极管 VT

NPN 型三极管 VT 是整个电路的核心，是电流放大元件，用基极电流控制集电极电流。

4. 耦合电容 C_1、C_2

它们起隔直流和通交流两方面的作用。C_1 用来隔断放大电路与信号源之间的直流通路，而 C_2 则用来隔断放大电路与负载之间的直流通路，使三者之间无直流联系，互不影响。C_1、C_2 还起到交流耦合作用，保证交流信号畅通无阻地经过放大电路，沟通信号源、放大电路和负载三者之间的交流通路。通常要求耦合电容上的交流压降小到可以忽略不计，即对交流信号可视为短路，因此电容值要足够大。C_1、C_2 的电容值一般为几微法到几十微法，通常采用电解电容器，连接时要注意其极性。

5. 集电极负载电阻 R_C

集电极负载电阻 R_C 也称为负载电阻，通过 R_C 可以将放大后的电流转换成电压输出，一般为几千欧。

二、低频电压放大电路的静态分析

放大器没有交流信号输入（即 $u_i = 0$）时的工作状态，称为静态。静态时的基极电流 I_B、集电极电流 I_C 和集–射极电压 U_{CE} 的值叫静态值。三个静态值在输入、输出特性曲线上

对应着一点 Q，如图 5-5 所示。通常把 Q 点（或 I_B、I_C 和 U_{CE}）叫静态工作点，简称工作点或 Q 点，并把 Q 点所对应的三个量分别用 I_{BQ}、I_{CQ} 和 U_{CEQ} 表示。

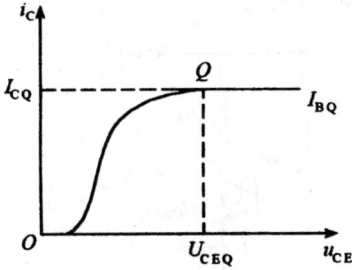

图 5-5　静态工作点

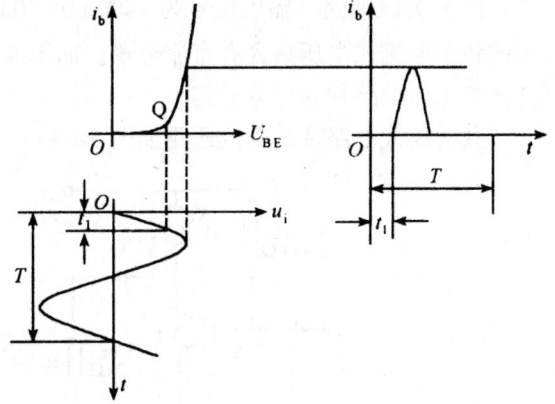

图 5-6　不设置静态工作点时 i_b 的变化波形

1. 静态工作点的作用

为了使放大器能正常工作，放大器必须有一个合适的静态工作点，即必须有一个合适的偏置电流。如果把图 5-4 中的 R_B 去掉，即不设静态工作点，此时 $I_B = 0$，$I_C = 0$。假设在共发射极电路的输入端输入一个正弦波电压信号 u_i，当 u_i 处于正半周时，晶体管发射结正向偏置。但由于晶体管的输入特性存在死区，所以只有当信号电压超过死区电压以后，晶体管才导通，产生基极电流 i_b；当 u_i 处于负半周时，发射结反向偏置，晶体管截止，没有基极电流产生，即 $i_b = 0$。基极电流随输入电压的变化波形如图 5-6 所示。显然输入信号 u_i 在基极引起的基极电流 i_b 在波形上产生了失真。

如果放大器设置了合适的工作点，当加上输入信号电压 u_i 时，则输入电压 u_i 与静态电压 U_{BE} 叠加在一起再加到基极上，使发射结始终处于导通状态。因此在输入电压的整个周期内都有一个随输入信号电压而变化的基极电流，如图 5-7 所示，从而使放大器能不失真地把输入信号加以放大。

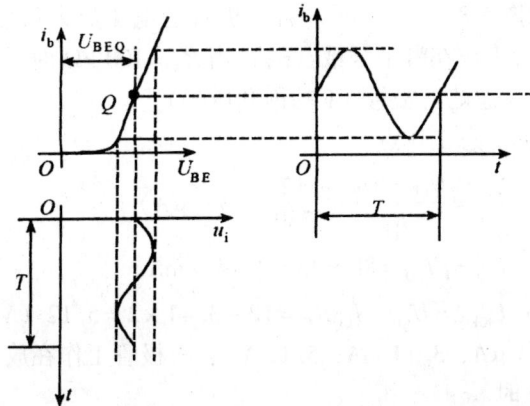

图 5-7　设置静态工作点时 i_b 的变化波形

由此可见，一个放大器要不失真地放大交流信号，首先必须设置合适的静态工作点。

2. 静态工作点的计算

（1）直流通路　输入信号为零时（$u_i = 0$），放大电路中只有直流电源 U_{CC} 起作用，电路中的各个电流或电压只含有直流分量，而不含有交流分量，此时电路中的电容相当于开路，这样画出的电路称为直流通路。

共射放大电路及其直流通路如图5-8所示，直流通路只能用来分析求解静态量。

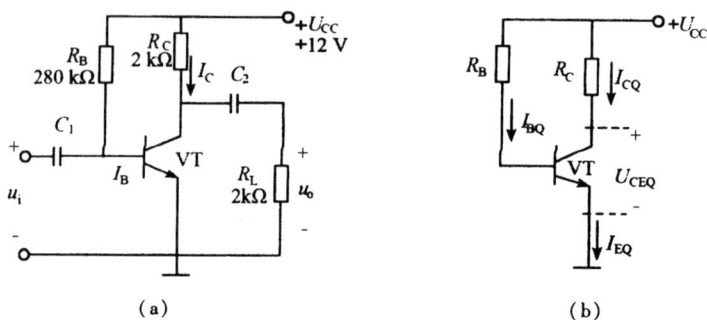

（a）基本放大电路；（b）直流通路

图5-8　共射放大电路的直流通路

（2）求解静态工作点　对放大电路进行静态分析，即通过该电路的直流通路，运用近似的方法求解其静态工作点 Q 处的 I_{BQ}、I_{CQ} 和 U_{CEQ}。

在图5-8（b）所示的直流通路中

$$I_{BQ} = \frac{U_{CC} - U_{BE}}{R_B} \tag{5-1}$$

$$I_{CQ} = \beta I_{BQ} \tag{5-2}$$

$$U_{CEQ} = U_{CC} - I_{CQ}R_C \tag{5-3}$$

其中，U_{BE} 为发射结的导通电压。一般情况下 $U_{CC} \gg U_{BE}$（5～10倍），所以 U_{BE} 也可忽略不计。由上述计算可知，若 R_B 为定值，则共射基本放大电路的偏流 I_B 是固定的，具有这种偏置特点的电路称为固定偏置电路。

例5-1　放大电路如图5-8（a）所示。若三极管的电流放大倍数 $\beta = 80$，求（1）放大电路的 Q 点，此时三极管工作在哪个区域？（2）当 $R_B = 100\ k\Omega$ 时，放大电路的 Q 点。此时三极管工作在哪个区域？（忽略三极管 VT 的饱和压降）

解：（1）放大电路的静态工作点

$$I_{BQ} = \frac{U_{CC} - U_{BE}}{R_B} \approx \frac{12}{280} \approx 43\ (\mu A)$$

$$I_{CQ} = \beta I_{BQ} = 80 \times 43 = 3.44\ (mA)$$

$$U_{CEQ} = U_{CC} - I_{CQ}R_C = 12 - 3.44 \times 2 = 5.12\ (V)$$

静态工作点为 Q（43 μA，3.44 mA，5.12 V），三极管工作在放大区。

（2）当 $R_B = 100\ k\Omega$ 时

$$I_{BQ} = \frac{U_{CC} - U_{BE}}{R_B} \approx \frac{12}{100} \approx 120\ (\mu A)$$

$$I_{CQ} = \beta I_{BQ} = 80 \times 120 = 9.6\ (mA)$$

$$U_{CEQ} = U_{CC} - I_{CQ}R_C = 12 - 9.6 \times 2 = -7.7 \text{（V）}$$

U_{CEQ} 不可能为负值，其最小值也只能为 0，即 I_{CQ} 的最大电流为

$$I_{CM} = \frac{U_{CC} - U_{CES}}{R_C} \approx \frac{12}{2} \approx 6 \text{（mA）}$$

此时，Q（120 μA，6 mA，0 V），由于 $\beta I_B > I_{CM}$，所以三极管工作在饱和区。

该题说明基极电阻的改变会引起静态工作点变化，单电源固定偏置电路不具有保持 Q 点稳定的能力。

三、低频电压放大电路的动态分析

放大器有交流输入信号时的工作状态称为动态。此时晶体管的各极以及 R_C、R_B 上的电压和电流在直流分量的基础上再叠加一个交流分量。

1. 电压放大的过程

如图 5-9 所示，交流输入信号 u_i 通过输入耦合电容 C_1 引起晶体管 VT 基-射极电压 u_{be} 变化，使基极电流 i_b 做相应变化；由于晶体管 VT 的电流放大作用，使集电极电流（$i_c = \beta i_b$）相应做更大变化，较大的 i_c 在 R_C 上产生的交流输出电压通过输出耦合电容 C_2 送到负载 R_L 上。只要电路元件选择合适，输出电压 u_o 比输入电压 u_i 要大很多，从而实现了电压放大作用。

2. 电压放大倍数的计算

放大倍数（也称增益）是用来衡量放大器放大信号能力的物理量，它等于输出信号量与输入信号量之比。在图 5-9 所示放大电路中，由于输出电容 C_2 的隔直作用，负载 R_L 上只有交流分量。因此，在交流放大器中主要研究交流信号的传输关系，于是需要画出放大器的交流通路。下面简要介绍交流通路的绘制方法。

假设 C_1 和 C_2 的容量足够大，则对信号的交流阻抗很小，可看作对交流短路，同时电源 U_{CC} 内阻也很小，在它上面几乎没有交流压降，所以 U_{CC} 也可看成交流短路。这样，图 5-9 所示放大器的交流通路如图 5-10 所示。

电压放大倍数用字母 A_u 表示，则根据放大倍数的定义可得

$$A_u = \frac{u_o}{u_i} \tag{5-4}$$

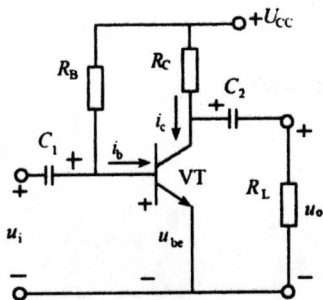

图 5-9 共射放大电路

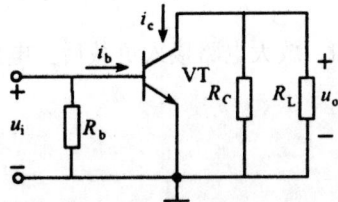

图 5-10 共射放大电路的交流通路

由交流通路就可计算出电路的电压放大倍数。

在晶体管的输入端加上输入电压 u_i 时，就会产生相应的基极电流 i_b，这就如同在一个电阻两端加上一个交流电压产生相应的电流一样。因此晶体管的输入端可用一个电阻 r_{be} 来代替，r_{be} 叫做晶体管的输入电阻。对于一般小功率晶体管，r_{be} 通常为 $1k\Omega$ 左右。

这样，晶体管输入端的电压和电流之间的关系可表示为

$$u_i = i_b r_{be} \qquad (5\text{-}5)$$

若无负载（空载）电阻 R_L（$R_L = \infty$），则电流 i_c 流过集电极电阻 R_C 所产生的交流电压为

$$u_c = -i_c R_C \qquad (5\text{-}6)$$

式中负号表示输出电压与电流相位相反。

将式（5-5）、式（5-6）和 $i_c = \beta i_b$ 代入式（5-4），可得空载时电压放大倍数为

$$A_u = \frac{u_o}{u_i} = \frac{-i_c R_C}{i_b r_{be}} = -\beta \frac{R_C}{r_{be}} \qquad (5\text{-}7)$$

式中负号表示输出电压与输入电压反相，这是共发射极电路的特点。

当放大器带上负载时，即在放大器的输出端并接一个负载电阻 R_L，如图 5-10 所示，则输出端交流等效负载电阻为

$$R'_L = R_C /\!/ R_L = \frac{R_C R_L}{R_C + R_L} \qquad (5\text{-}8)$$

此时输出电压为

$$u'_o = -i_c R'_L \qquad (5\text{-}9)$$

则有负载时的电压放大倍数为

$$A'_u = \frac{u'_o}{u_i} = \frac{-i_c R'_L}{i_b r_{be}} = -\beta \frac{R'_L}{r_{be}} \qquad (5\text{-}10)$$

例 5-2　在图 5-10 所示的共射放大电路中，$U_{CC} = 12V$，三极管的电流放大系数 $\beta = 40$，$r_{be} \approx 1\ k\Omega$，$R_B = 300\ k\Omega$，$R_C = 4\ k\Omega$，$R_L = 4\ k\Omega$。求：（1）接入负载电阻 R_L 前、后的电压放大倍数；（2）放大电路的输入电阻 r_i 和输出电阻 r_o。

解：（1）未接负载时

$$A_o = -\beta R_C / r_{be} = -40 \times \frac{4}{1} = -160$$

接入负载后

$$R'_L = R_C /\!/ R_L = \frac{4 \times 4}{4 + 4} = 2\ （k\Omega）$$

$$A_u = -\beta R'_L / r_{be} = -40 \times \frac{2}{1} = -80$$

可知，放大电路接入负载后，电压放大倍数下降了。

（2）

$$r_i \approx r_{be} = 1\ （k\Omega）$$

$$r_o = R_C = 4\ （k\Omega）$$

第二节　多级放大器和射极输出器的结构及特点

一、级间耦合的种类

多级放大器是由多个单级放大器组合而成的。放大器前后级之间的信号连接与传递形式叫做耦合方式，这是个看似简单而实际却很复杂的问题。最常见的耦合方式有三种：阻容耦合、变压器耦合和直接耦合。

图 5-11 所示的两级放大器属于阻容耦合放大器。信号通过电容 C 和放大器的输入电阻 R_i 进行传输。阻容耦合方式的优点是各级放大器的直流工作点相互隔离，互不影响；缺点是频率特性比较差，特别是低频特性受耦合电容影响极大。这是因为在低频工作时，耦合电容的容抗很大，信号被衰减。

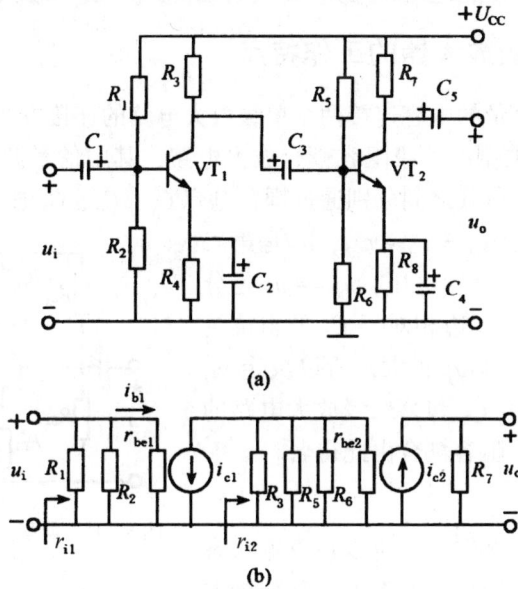

(a)

(b)

（a）两级放大器；（b）微变等效电路

图 5-11　RC 耦合两级放大器

多级放大器前后级之间也可以用变压器实现耦合，如图 5-12 所示。信号通过线圈的互感耦合来传递。放大器也是一种"隔直通交"的元件，它的初级串联在前级输出回路中，次级接到后级放大器的输入端。变压器耦合的优点是，可以通过改变初、次级线圈的匝数比实现"阻抗变换"，即同样的次级负载，通过不同的"变压比"，反射到初级时可以呈现不同的电阻。

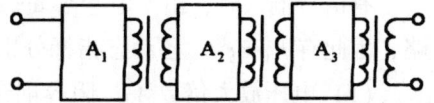

图 5-12　变压器耦合多级放大器

在功率放大等许多场合，对负载的阻抗值要求比较严格，采用变压器耦合就可以方便地实现阻抗匹配。变压器耦合的缺点与阻容耦合情况类似，即频率响应比较差。当信号的频率较低时，激磁电感的感抗变小；信号的频率很高时，绕组的分布电容使信号短路，所以它的低频性能和高频性能都比较差。而且，变压器体积大，成本高，所以目前已很少使用。只在高频放大器，尤其是带有谐振回路的高频放大器中还有用到。

在电子测量电路和自动控制电路中，经常需要对变化非常缓慢的信号进行放大。在这种场合，采用阻容耦合或变压器耦合都无法实现信号的传递，因为它们的低频特性很差。这时必须采用另一种耦合方式——直接耦合，即将前级输出端与后级输入端直接相连，如图5-13所示。

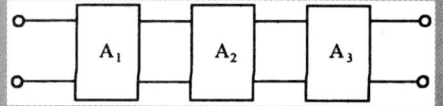

图 5-13　直接耦合多级放大器

二、阻容耦合多级放大器的工作特点

阻容耦合指用较大容量的电容连接两个单级放大电路的连接方式。

图 5-14 所示是一个典型的两级阻容耦合放大电路，其中信号源与第一级之间，第一级与第二级之间，输出级与负载之间分别通过耦合电容 C_1、C_2、C_3 连接。

由图 5-14 可以看出，$u_{i2} = u_{o1} - u_{c2}$，u_{i2} 是第二级放大电路的输入电阻 r_{i2} 上的电压，u_{c2} 与 u_{i2} 是分压关系。当 u_{o1} 确定之后，r_{i2} 边相对于 C_2 的阻抗越大，它获得的电压越大，即 u_{i2} 越大，所以决定 u_{i2} 大小的不仅是 C_2，而是由 C_2 和第二级放大电路的输入电阻 r_{i2} 共同决定的，阻容耦合由此得名。

图 5-14　典型的两级阻容耦合放大电路

1. 静态分析

因为耦合电容具有隔直作用，所以在直流状态下，各级放大电路彼此独立，互不影响，其分析方法与单级电路相同。

2. 动态分析

有信号输入时，由于电容容量较大，对交流呈现很低的阻抗，与电阻相比其值可以忽略，因此有 $r_{o1} \approx r_{i2}$。各动态指标分别如下：

（1）电压放大倍数 A_u　阻容耦合多级放大电路总的电压放大倍数等于各级电路电压放大倍数的乘积。即

$$A_u = A_{u1} A_{u2} \cdots\cdots A_{un} \tag{5-11}$$

在计算单级放大电路电压放大倍数时，把后一级的输入电阻作为本级的负载即可。

（2）输入电阻 R_i 和输出电阻 R_o　阻容耦合多级放大电路的输入电阻为第一级放大电路的输入电阻，即

$$r_i = r_{i1} \tag{5-12}$$

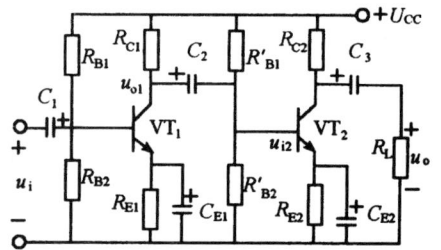

多级放大电路的输出电阻为最后一级（第 n 级）放大电路的输出电阻，即

$$r_o = r_{on} \qquad (5\text{-}13)$$

3. 耦合放大器的电路特点

● 电路的静态工作点彼此独立，电路设计和调整灵活方便。

● 由于耦合电容对于缓慢变化的信号和直流信号所呈现的容抗较大，电容上信号损失也就较大，传输给下一级的信号就会很小。因此阻容耦合电路不适合放大变化缓慢的信号，只能放大频率较高的交流信号，故也称它为交流放大器。

● 由于集成电路中制造较大容量的电容很困难，因此集成电路中一般不采用阻容耦合。

例 5-3　两级放大电路如图 5-15 所示。已知晶体管 $\beta_1 = \beta_2 = 40$，$r_{be1} = 1k\Omega$，$r_{be2} = 0.6k\Omega$，$R_{B2} = 200k\Omega$，$R_{C1} = 6k\Omega$，$R_{C2} = 3k\Omega$，$R_L = 2k\Omega$。试计算放大器总的电压放大倍数。

解：第一级的负载电阻 R'_{L1}

因为　　　$R_{B2} = 200k\Omega \gg r_{be2}$

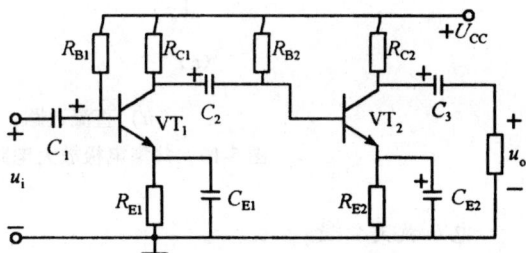

图 5-15　两级共射阻容耦合放大器

所以

$$r_{i2} = R_{B2} /\!/ r_{be2} \approx r_{be2}$$

$$R'_{L1} = \frac{R_{C1} r_{be2}}{R_{C1} + r_{be2}} = \frac{6 \times 0.6}{6 + 0.6} \approx 0.55 \ (k\Omega)$$

第一级电压放大倍数为

$$A_{u1} = -\beta_1 \frac{R'_{L1}}{r_{be1}} = -\frac{40 \times 0.55}{1} = -22$$

第二级输出端的总负载电阻 R'_{L2} 为

$$R'_{L2} = \frac{R_{C2} R_L}{R_{C2} + R_L} = \frac{3 \times 2}{3 + 2} = 1.2 \ (k\Omega)$$

第二级电压放大倍数为

$$A_{u2} = -\beta_2 \frac{R'_{L2}}{r_{be2}} = -\frac{40 \times 1.2}{0.6} = -80$$

则总的电压放大倍数为

$$A_u = A_{u1} A_{u2} = (-22) \times (-80) = 1\ 760$$

两级放大倍数为正，说明经两级共射放大后，输出电压与输入电压是同相的。

四、射极输出器

共集电极放大电路的输入信号加在基极-集电极上，信号从发射极-集电极输出，集电极是输入、输出的公共端，故称为共集电极电路；又因其从发射极输出信号，故又称为射极输出器。

图 5-16（a）所示为共集电极放大电路的直流通路，图 5-16（b）所示为其微变等效电路。

射极输出器具有以下特点：

● 输出电压与输入电压相位相同且大小近似相等。即

$$u_o \approx u_i$$

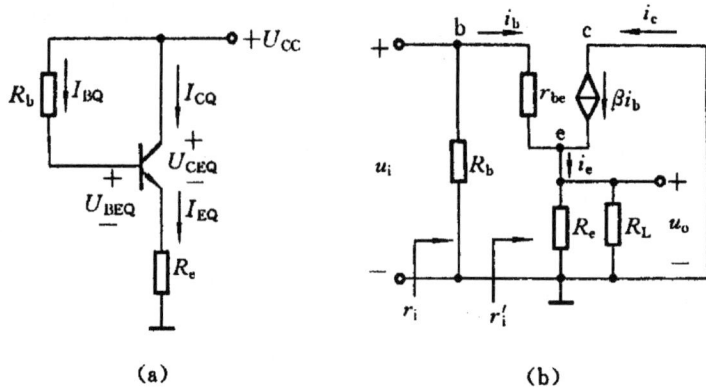

(a) 直流通路; (b) 微变等效电路

图 5-16 共集电极放大电路的直流通路和微变等效电路

电压放大倍数:

$$A_u = \frac{U_o}{U_i} \approx 1 \tag{5-14}$$

射极输出器的输出电压与输入电压很接近,两者的相位又相同,所以,射极输出器具有电压跟随作用,又称为射极跟随器。

● 输入电阻高、输出电阻低

射极输出器虽然电压放大倍数小于 1 或接近于 1,但输入电阻高,可减小放大器从信号源(或前一级放大器)取用的信号电流;同时,输出电阻低,可减小负载变动对放大倍数的影响。

射极输出器的输入电阻　　$r_i = R_b /\!/ \left[r_{be} + (1+\beta) R_L' \right]$ 　　　　(5-15)

输出电阻

$$r_o \approx \frac{r_{be}}{\beta} \tag{5-16}$$

射极输出器的特点决定了它在电路中的广泛应用。

由于其输入电阻高,为了减小仪器对信号源取用的电流,减小仪器对被测电路的影响,常利用射极输出器作为输入级,用于电子测量电路时,可以提高测量仪表的精度。

射极输出器的输出电阻很小,带负载的能力强,当放大器接入负载或负载变化时,可保持输出电压稳定,常用做多级放大器的输出级。

射极输出器还可用做中间级。其输入电阻大,对前级影响小;输出电阻小,又有射极跟随性,与输入电阻不高的共射放大电路配合,可起到阻抗匹配的作用,从而提高多级放大器的放大能力。

第三节　集成运算放大器的基本结构及应用

一、集成运算放大器的基本组成

在自动控制系统中,常需将被控制的非电量转换为电信号,并与给定量比较,得到一个微弱的偏差信号，再将其放大到一定的程度，去推动执行机构动作或送到仪表中显示，完成自动控制和测量。实现偏差信号放大的最常用的器件是运算放大器。

将整个电路中的元器件及相互之间的连接线制作在同一块半导体芯片上，构成具有特定功能的电子电路，称为集成电路。

集成电路种类繁多，按集成度分有小规模、中规模、大规模和超大规模等；按导电类型分有单极型、双极型和两种兼容的；按功能分有数字集成电路和模拟集成电路两类。模拟集成电路则有运算放大器、宽频带放大器、集成功率放大器、集成稳压电源、音像设备中常用的各种模拟集成电路等。

集成电路的特点是：体积小、重量轻、功率消耗小、技术性能好、可靠性高、通用性强、灵活方便，由于减小了焊点，所以工作可靠性高，价格低廉，在检测、自动控制、信号产生与处理等很多方面都发挥着重要的作用，有"万能放大器"的美称。

运算放大器通常由输入级、中间级、输出级和偏置电路4部分组成。如图5-17所示。

输入级是运算放大器的关键部分，由差动放大电路组成，可以减小放大电路的"零点漂移"，提高输入电阻；中间级的作用是提高整个电路的电压放大倍数，它可由一级或多级放大器组成；输出级一般由射极输出器或互补对称电路构成，输出电阻很低，能输出较大的功率，提高带负载的能力。

图5-17 运算放大器的组成

偏置电路的作用是给集成运算放大器的各级电路提供合适的静态工作点。

图5-18为运算放大器的符号与特性。运算放大器有两个输入端，一个输出端。标有"－"号的输入端称为反相输入端，仅由此端输入信号时，输出电压 u_o 与输入电压 u_i 相位相反；标有"＋"号的输入端称为同相输入端，仅由此端输入信号时，输出电压 u_o 与输入电压 u_i 相位相同。图5-18（b）中，A、B 间是集成运放的线性运行区，A、B 两点以外的区域为正、负饱和区。

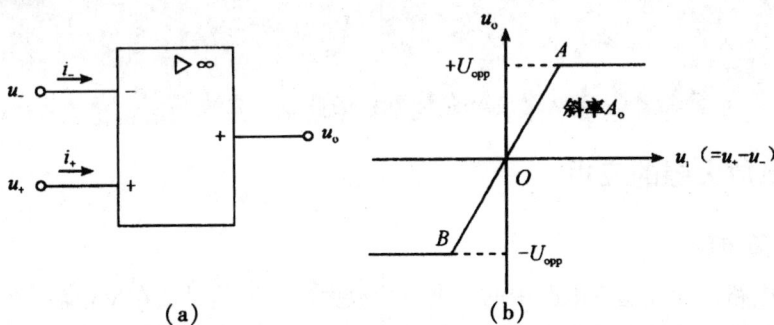

（a）运算放大器的符号；（b）运算放大器的特性
图5-18 运算放大器的符号与特性

二、集成运算放大器的特性

图5-19是集成运算放大器的外形和图形符号。

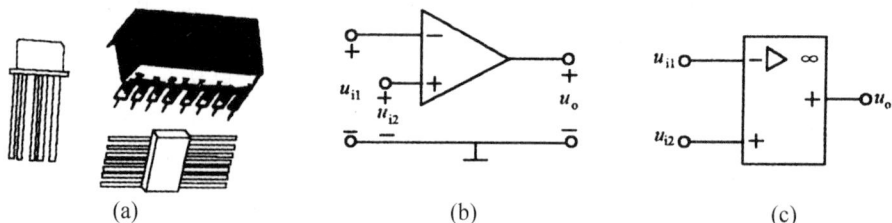

（a）外形图；（b）通用符号；（c）标准符号

图 5-19　集成运算放大器的外形和图形符号

图 5-20 所示为 F007 型通用集成运算放大器的管脚排列和接线图。R_p 为外接调零电阻。有的新系列运放已无此外接电阻。集成运放通常用对称的正、负电源同时供电。F007 的电源电压 U_{CC} 为 $\pm 5 \sim \pm 18\ V$，标称值为 $\pm 15\ V$。

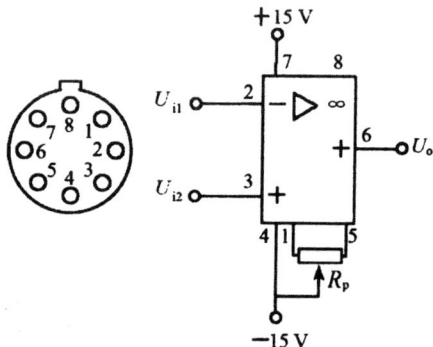

本节不讨论集成运算放大器内部具体电路，后面讨论集成运放组成的电路时，一般不再标出电源端和其他管脚，可使电路更加清晰。

图 5-20　F007 集成运算放大器管脚连接

集成运放在线性工作状态时的特点

● 集成运放的两个输入端的电压差近似为零。即

$$U_- \approx U_+ \tag{5-17}$$

通常称为"虚短"。

● 集成运放的两个输入端的电流近似为零。即

$$I_i \approx 0 \tag{5-18}$$

通常称为"虚断"。

利用这两条重要结论，可以简要地分析各种运算放大器电路。

三、运算放大器的应用

1. 反相运算电路

反相运算电路是线性运算电路中的一类。待放大的输入信号加在反相输入端与参考端之间，经放大后的输出信号与输入信号相位相反。这是应用最为广泛的一种输入方式，可构成反相比例、加法、微分、积分、对数等运算电路。

（1）反相比例运算电路　反相比例运算电路如图 5-21 所示。输入信号 u_i 经过电阻 R_1 加到集成运算放大器的反相输入端与地之间，同相输入端经电阻 R_2 接地，为使放大器性能稳定，在输出和输入之间接有电阻 R_f，这种连接电路叫做反馈电路，电阻 R_f 叫做反馈电阻。输出电压 u_o 经反馈电阻 R_f 接在反相输入端。有反馈时称电路处于闭环状态，否则称开环状态。

反相比例运算电路的工作情况分析如下：

同相接地，$u_+ = 0$。则有 $u_- = u_+ = 0$。

在输入信号 u_i 的作用下，输入电流 i_1 为

$$i_1 = \frac{u_i - u_-}{R_1} = \frac{u_i}{R_1}$$

反馈电流　　　$i_f = \frac{u_- - u_o}{R_f} = -\frac{u_o}{R_f}$

由"虚断"，得 $i_+ = i_- = 0$，所以 $i_1 = i_f$，

得　　　　　$u_o = -\frac{R_f}{R_1} u_i$　　　　(5-19)

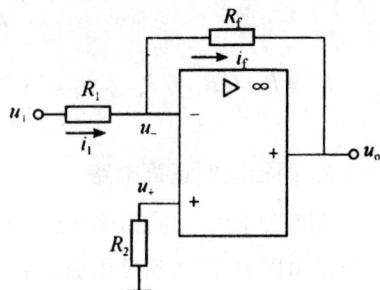

图 5-21　反相比例运算电路

式中负号表示输入信号与输出信号反相且大小成比例关系，其比例系数仅与运算放大器的外电路参数有关，而与其内部各项参数无关。改变 R_f 与 R_1 的比值，可使 u_o 与 u_i 获得不同的比例，这样就实现了比例运算。式中负号表示 u_o 与 u_i 反相。

若 $R_1 = R_f$，则有

$$u_o = -u_i$$

这时图 5-21 所示的电路称为反相器，这种运算称为变号运算。

电路中，有 $u_- = 0$，即集成运放反相输入端的电位近似等于"地"电位，但又不是"地"电位，这种现象称为"虚地"。

电路中同相输入端的电阻 R_2 称为平衡电阻，它的作用是在静态时使两个输入端的电阻保持平衡。输入端与地之间的等效电阻为 $R_1 /\!/ R_f$，平衡电阻 $R_2 = R_1 /\!/ R_f$。

（2）反相比例求和电路　如果反相输入端有若干个输入信号，则构成反相比例求和电路，也叫加法运算电路，如图 5-22 所示。平衡电阻 $R_2 = R_{11} /\!/ R_{12} /\!/ R_{13} /\!/ R_f$。

由于 $u_- = u_+$ 及 $i_+ = i_- = 0$，以及运放的反相输入端是"虚地"点，于是

$$i_f = i_{11} + i_{12} + i_{13}$$

$$-\frac{u_o}{R_f} = \frac{u_{i1}}{R_{11}} + \frac{u_{i2}}{R_{12}} + \frac{u_{i3}}{R_{13}}$$

$$u_o = -\left(\frac{R_f}{R_{11}} u_{i1} + \frac{R_f}{R_{12}} u_{i2} + \frac{R_f}{R_{13}} u_{i3}\right) \quad (5-20)$$

当 $R_{11} = R_{12} = R_{13} = R_1$ 时，上式为

$$u_o = -\frac{R_f}{R_1} (u_{i1} + u_{i2} + u_{i3}) \quad (5-21)$$

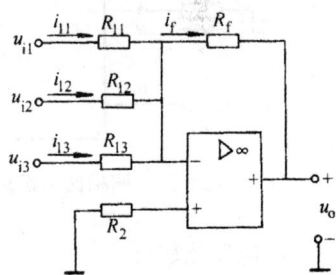

图 5-22　反相比例求和电路

上式表明，该电路可实现求和比例运算，负号表示输出电压与输入电压反相。

例 5-4　某一测量系统的输出电压和一些非电量（经传感器变换为电量）的关系如图 5-22 所示，表达式为 $u_o = -(4u_{i1} + 2u_{i2} + 0.5u_{i3})$。试确定图 5-22 电路中的各输入电阻和平衡电阻，设 $R_f = 100 \text{ k}\Omega$。

解　由式（5-20）可得

$$R_{11} = \frac{R_f}{4} = \frac{100}{4} \text{ k}\Omega = 25 \text{ k}\Omega$$

$$R_{12} = \frac{R_f}{2} = \frac{100}{2} \text{ k}\Omega = 50 \text{ k}\Omega$$

$$R_{13} = \frac{R_f}{0.5} = \frac{100}{0.5}\ k\Omega = 200\ k\Omega$$

$$R_2 = R_{11} /\!/ R_{12} /\!/ R_{13} /\!/ R_f = (25 /\!/ 50 /\!/ 200 /\!/ 100)\ k\Omega = 13.3\ k\Omega$$

2. 同相比例运算电路

图 5-23 所示为同相比例运算电路，输入信号 u_i 通过电阻 R_2 接在同相输入端，输出信号通过反馈电阻 R_f 回送到反相输入端。反相输入端经电阻 R_1 接地，即构成同相比例运算电路。

在同相比例运算电路中，有 $i_+ = i_- = 0$，$u_+ = u_i = u_-$，$i_1 = i_f$。

$$i_1 = \frac{0 - u_-}{R_1} = \frac{u_i}{R_1}$$

$$i_f = \frac{u_- - u_o}{R_f} = \frac{u_i - u_o}{R_f}$$

$$-\frac{u_i}{R_1} = \frac{u_i - u_o}{R_f}$$

将上式整理后可得

$$u_o = \left(1 + \frac{R_f}{R_1}\right) u_i \tag{5-22}$$

上式说明，同相比例运算电路的输出信号与输入信号同相且成比例关系，比例系数大于等于 1，且只与运算放大器的外电路参数有关，与运算放大器的参数无关。

当 $R_f = 0$ 时，$u_o = u_i$，这时的同相运算放大器称为电压跟随器，如图 5-24 所示。

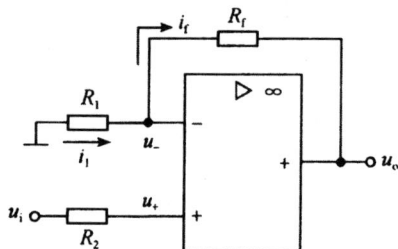

图 5-23 同相比例运算电路

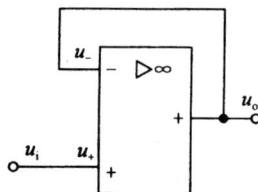

图 5-24 电压跟随器

3. 电压比较器

如图 5-25（a）所示的电路，集成运放工作于开环状态。输入电压 u_i 加于同相输入端，反相输入端接地。当 u_i 略高于 0 时，由于运放的开环放大倍数很高，只要输入一个微小的信号，就会放大到极值，输出级将因信号过大而进入饱和状态，这时 u_o 达到它的正极限值 U_o^+，并且在 u_i 继续升高时仍保持这个正极限值。同理，当 u_i 略低于 0 时，u_o 达到它的负极限值 U_o^-，并且在 u_i 继续下降时仍保持这个负极限值。图 5-25（b）表示上述输入与输出的关系。因此，可根据输出的状态判断输入是大于 0 还是小于 0，这种电路称为过零比较器或检零计。

检零计输入正弦信号时，u_i 每次过零时都使输出产生突变，形成矩形脉冲波，如图 5-25（c）所示。运算放大器实现了波形的转换。

如图在图 5-25（a）电路中，反向输入端也输入一个不变的电压信号 U_R，只要 u_i 略大于 U_R，输出便达到 U_o^+；而 u_i 略小于 U_R 时，输出便达到 U_o^-。因此，根据输出状态便可判

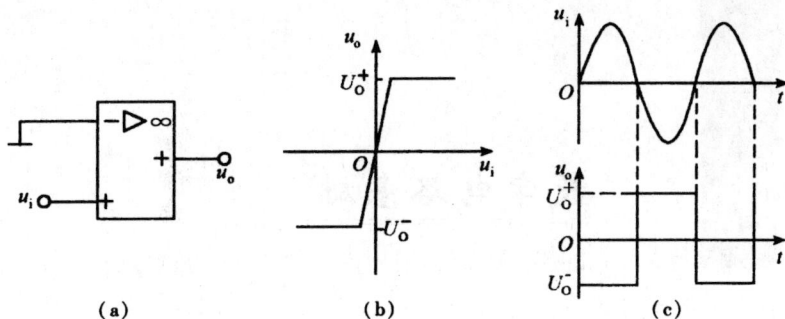

(a) 电路；(b) 输入-输出关系曲线；(c) 波形

图 5-25　过零比较器

断两个输入电压的相对大小，这就是一般意义上的比较器。

利用比较器可设计出一种监控报警电路，如图 5-26 所示。

在生产现场，若需对某一参数（如压力、温度、噪声等）进行监控，其允许值为 U_R。则可将传感器取得的监控信号 u_i 送给比较器，当 $u_i < U_R$ 时，比较器输出负值电压，晶体管 VT 截止，指示灯熄灭，表明工作正常。当 $u_i > U_R$ 时，说明被监控的信号超过正常值，这时比较器输出正值，使晶体管饱和导通，报警指示灯亮。电阻 R_3 决定于对晶体管基极的驱动强度，其阻值应保证晶体管进入饱和状态。二极管

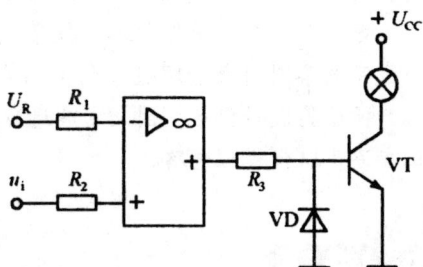

图 5-26　利用比较器监控报警

VD 起保护作用，在比较器输出负值电压时，晶体管 BE 结上加有较高的反向偏压，可能击穿 BE 结，而 VD 能把 BE 结的反向电压限制在 0.7V，从而保护了晶体管。

每章一练

一、填空题

1. 放大电路（也称_____）的主要任务是把_____电信号_____，然后送到负载，以完成特定的功能。

2. NPN 型三极管 VT 是_____，是_____，用_____电流控制集电极电流。

3. 最常见的耦合方式有三种_____、_____和_____。

4. 运算放大器通常由_____、_____、_____和_____四部分组成。

二、判断题

1. 反相加法运算电路中，若任一回路的办理入端电阻改变，都会影响其他回路信号产生的输出值。　　　　　　　　　　　　　　　　　　　　　　　（　　）

2. 同相比例运算电路的输出信号与输入信号同相是成比例关系。　　　（　　）

第六章 数字电路基础

本章概述

电子电路所传递和处理的电信号有两类：一类是随时间连续变化的信号，称为模拟信号，如话筒把声音信号转换成的电信号、从热电偶上得到的电压信号等。另一类是具有不连续和突变特性的脉冲信号，称为数字信号。

电子电路分为模拟电路和数字电路。模拟电路处理的是模拟信号，其主要作用是放大；而数字电路则用来处理数字信号，它可以实现一定的逻辑功能，具有抗干扰能力强、能耗低、便于集成等优点，因此发展迅猛，在计算机、通讯、工业控制、家电等许多领域已经或正在逐步取代模拟电路。

教学目标

1. 了解数字电路基础的基本知识。
2. 熟悉晶体管开关电路及门电路。
3. 了解几种集成触发器的功能和原理。

* * * * * * * * * *

第一节 数字电路相关基础知识

一、脉冲

脉冲信号是多种多样的，常见的有方波、三角波、矩形波、尖峰波等，如图6-1所示。各种脉冲波的共同特点就是突然变化和不连续性。

正弦波电压或电流可以用振幅、频率、初相角三个参数来表征其变化情况。同样，各种各样的脉冲信号也可以用一些参数来描述它的特征，但由于脉冲信号波形复杂，因而参数也较多。现以脉冲数字电路中最常见的矩形脉冲波为例，介绍脉冲信号的几个主要参数。

矩形脉冲是一种典型的数字信号，图6-2（a）为矩形脉冲信号的理想形式。矩形脉冲有正脉冲和负脉冲之分，脉冲跃变后的值比初始值高称为正脉冲，反之则称为负脉冲，如图6-2（b）所示。但实际的矩形脉冲波形的脉冲上升和下降都需要一定的时间，不可能达到理想脉冲那么陡峭，是如图6-2（c）所示的形式。它的主要参数如下：

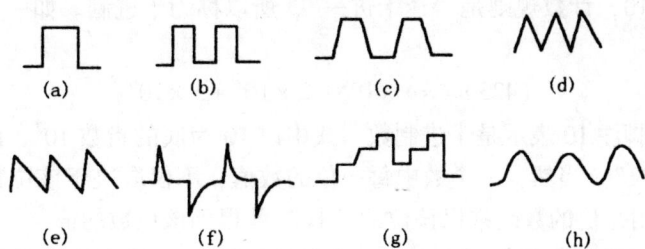

(a) 方形波；(b) 矩形波；(c) 梯形波；(d) 三角波
(e) 锯齿波；(f) 尖峰波；(g) 阶梯波；(h) 钟形波

图6-1 几种常见的脉冲波形

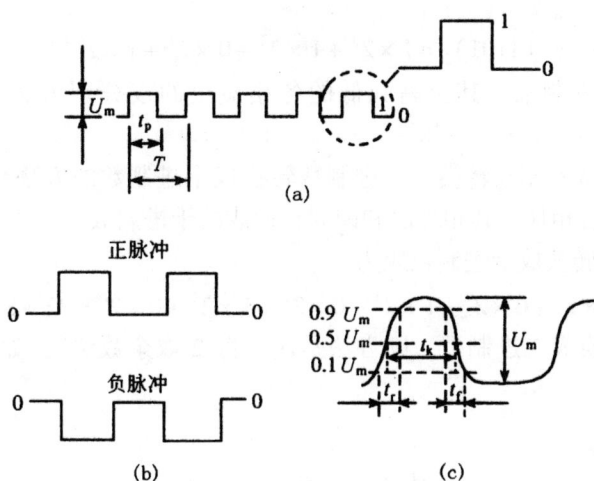

(a) 理想的矩形波信号；(b) 正脉冲和负脉冲；(c) 实际的矩形波信号

图6-2 矩形脉冲信号

(1) 脉冲幅度 U_m 是脉冲电压变化的最大值。它是一个表示脉冲信号强弱的主要参数。

(2) 脉冲前沿时间 t_r 脉冲幅度从 $0.1U_m$ 上升到 $0.9U_m$ 所需的时间。t_r 越小，脉冲前沿越陡。

(3) 脉冲后沿时间 t_K 脉冲幅度从 $0.9U_m$ 下降到 $0.1U_m$ 所需的时间。

(4) 脉冲宽度 t_K 脉冲宽度又称脉冲连续时间，它从前沿脉冲幅度的 50% 到后沿脉冲幅度的 50% 的时间。

(5) 脉冲频率 f 单位时间 (s) 内的脉冲个数。

(6) 脉冲周期 T 周期性的脉冲前后两次出现的时间间隔，$T = \dfrac{1}{f}$。

二、数的进制与码制

1. 数制

数制就是数的表示方法。常用的数制有以下几种：

(1) 十进制 十进制数是用 0~9 十个数码按照一定的规律排列起来来表示数值的大

小。计数的基数为 10，计数规则是"逢十进一"，所以称为十进制。如一个十进制数 423 可表示成：

$$(423)_{10} = 4 \times 10^2 + 2 \times 10^1 + 3 \times 10^0$$

式中，10 是基数，脚注 10 表示是十进制数。式中以 10 为底的指数 10^2、10^1、10^0 称为十进制数各相应位的"权"。当然，一个数中每一位的数值，不仅取决于该位数码的本身，还取决于该位的权，即用每位的数码乘以该位的"权"就得到该位数的值。

（2）二进制　二进制数组是用 0 和 1 两个数码按照一定的规律排列起来来表示数值大小的。

每一位二进制数由 0 和 1 两个数码组成，计数基数为 2。低位向相邻高位按"逢二进一"进位，故称二进制，即 $1 + 1 = 10$（读作"一零"，而非读作"十"）。如一个二进制数 1101 可表示为：

$$(1101)_2 = 1 \times 2^3 + 1 \times 2^2 + 0 \times 2^1 + 1 \times 2^0$$

对于一个 n 位二进制数，其由高到低的各相应位的权分别为 2^{n-1}、2^{n-2}、2^{n-3}、$\cdots$、2^1、2^0。

（3）二、十进制数的相互转换　二进制数转换成十进制数的方法是：将各位二进制数乘以对应位的权，然后相加，其相加的和即为转换成的十进制数。

如将 $(101010)_2$ 转换成十进制数应为

$$(101010)_2 = 1 \times 2^5 + 0 \times 2^4 + 1 \times 2^3 + 0 \times 2^2 + 1 \times 2^1 + 0 \times 2^0 = 32 + 8 + 2 = (42)_{10}$$

若将十进制数转换成二进制数，则方法是用"除 2 取余数法"，如 $(42)_{10}$ 转换成二进制数

```
2 | 42        余数    二进制数
2 | 21 ……0          ↑ 低位
2 | 10 ……1          |
2 | 5  ……0          |
2 | 2  ……1          |
2 | 1  ……0          |
    1  ……1          | 高位
```

即　　　　　　　　　　$(42)_{10} = (101010)_2$

例 6-1　将 $(1001)_2$ 转化为十进制数。

解：　　　　　　　$(1001)_2 = 1 \times 2^3 + 0 \times 2^2 + 0 \times 2^1 + 1 \times 2^0$
　　　　　　　　　　　　　　$= 8 + 0 + 0 + 1$
　　　　　　　　　　　　　　$= (9)_{10}$

例 6-2　将 $(0.6875)_{10}$ 转换为二进制数。

解：

```
    0.6875        积的整数部分        二进制位数
  ×     2
    1.3750  ……1                      高位
    0.3750
  ×     2
    0.75    ……0
      ×   2
      1.5   ……1
      0.5
        ×   2
        1.0  ……1                     低位
```

所以有 $(0.6875)_{10} = (0.1011)_2$。

2. 码制

数字信息可分为两类，一类是数值信息，另一类是文字、图形、符号等非数值信息。对第二类信息，在数字系统中也用一定位数的二进制数来表示，以便计算机能够处理。这些代表非数值信息的二进制码不再有数值的意义，称为代码。为了便于记忆、查找、区别，在编制各种代码时，总要遵循一定的规律，这一规律称为码制。建立这种代码与文字、符号等非数值信息间一一对应关系的过程称为编码。

对数字系统而言，使用最为方便的是按二进制数编制代码。如在用二进制数码表示十进制数的 0~9 这十个状态时常用 8421 码制，而 8、4、2、1 是十位二进制数所在位的权。

用 8421 码制编制的代码属于 BCD 码的一种，意指这种编码为"以二进制编码的十进码"。8421BCD 码都以 4 位二进制数来表示 1 位十进制数，每位二进制数都有固定的权位，所以这种代码也称为有权码。8421 码制的编码表如表 6-1 所列。

表 6-1　8421BCD 码编码表

十进制数码	二进制数码			
	位权 8	位权 4	位权 2	位权 1
0	0	0	0	0
1	0	0	0	1
2	0	0	1	0
3	0	0	1	1
4	0	1	0	0
5	0	1	0	1
6	0	1	1	0
7	0	1	1	1
8	1	0	0	0
9	1	0	0	1

例 6-3　将十进制数 $(35)_{10}$ 转换成应的 8421BCD。

解：　　　　　　　　　　3　　　　　　　　　5
　　　　　　　　　　　　↓　　　　　　　　　↓
　　　　　　　　　　　0011　　　　　　　0101

所以有 $(35)_{10} = (00110101)_{8421BCD}$。

例6-4 将 8421BCD 码 $(10000110)_{8421BCD}$ 转换成对应的十进制数。

$$1000 \qquad\qquad 0110$$
$$\downarrow \qquad\qquad\qquad \downarrow$$
$$8 \qquad\qquad\qquad 6$$

所以有 $(10000110)_{8421BCD} = (86)_{10}$。

第二节 晶体管开关电路的种类及应用

一、二极管开关电路

二极管具有单向导电性，利用这一特性可将二极管当作一个开关，如图6-3所示。

在图6-3（a）中，扳动开关，可使小电灯亮或灭。而在图6-3（b）中，二极管处于正向偏置，小电灯亮。在图6-3（c）中，二极管处于反向偏置，此时小电灯灭。即二极管正向偏置时相当于开关闭合；二极管反向偏置时相当于开关断开。由此可见二极管具有开关特性。二极管开关只能近似于理想开关，二极管开关具有动作时间短、使用频率高、无触点等优点。

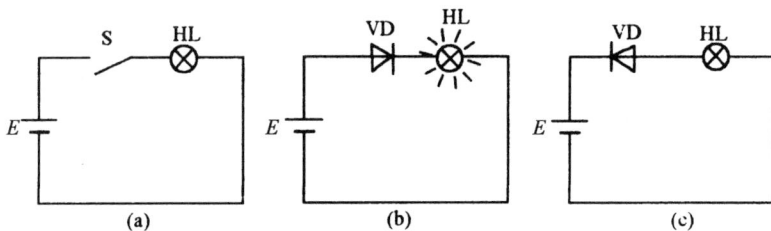

图6-3 二极管的开关特性实验电路

二、晶体三极管开关特性

晶体三极管的输出特性有三个区域，即放大区、截止区和饱和区。在三极管放大电路中，三极管工作在放大区。在数字电路中，三极管则主要工作在截止区和饱和区，并经常在这两个区域之间进行快速转换，但经过放大区的时间则是很短促的，三极管的这种工作方式也具有开关特性，此时三极管工作在开关状态，如图6-4所示。当输入低电平 0.3 V 使三极管截止时，输出为高电平 +5 V；当输入高电平 +5 V 使三极管饱和导通时，输出为低电平 0.3 V。这种输出电平的高、低总是与输入相反的电路又称为反相器。

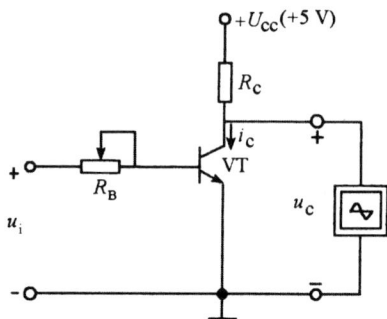

图6-4 晶体三极管开关特性

三、晶体管开关电路的应用

在汽车电源中，普遍采用调节器调节输出电压。图

6-5 所示是 JFT201 型晶体管调压器电路图，通过分析这一电路介绍晶体管调压器的基本原理。

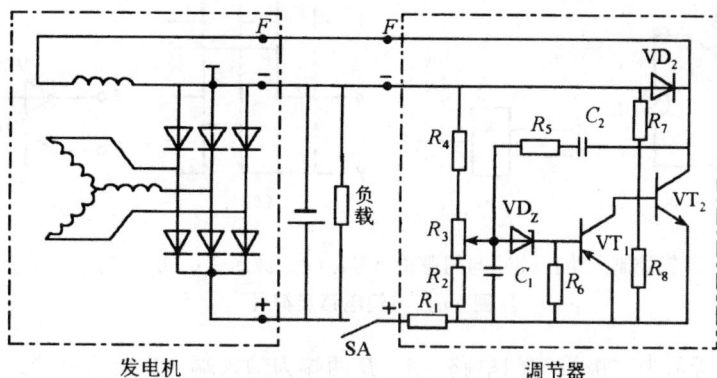

图 6-5 JFT201 型晶体管调压器电路图

图中电阻 R_2、R_3、R_4 组成分压器。当接通点火开关 SA 时，蓄电池电压同时加在分压器及由电阻 R_7、R_8 构成的晶体管 VT_2 的偏置电路上。此时蓄电池电压较低，不能击穿稳压管 VD_Z，故晶体管 VT_1 的基极电流为零，处于截止状态。于是晶体管 VT_2 在正向偏置电压作用下产生基极电流而导通，相当于开关闭合。蓄电池经 VT_2 向发电机激磁绕组提供激磁电流。发电机运转，便会产生电压。当发电机输出电压高于稳压管稳定电压值时，稳压管 VD_Z 被击穿而导通，使晶体管基极有电流而导通。晶体管 VT_1 导通的结果，使 VT_2 的基极和发射极之间电压减小便截止，相当于开关断开。从而切断了发电机的激磁电流，使发电机输出电压下降。当发电机输出电压低于稳压管调节值时，稳压管 VD_Z 重新截止，晶体管 VT_1 截止，晶体管 VT_2 又获得高电压而导通。重复上述过程，发电机电压便稳定在调整范围内。

第三节 门电路的基础知识

逻辑关系就是一定的因果关系，即条件和结果的关系。输入信号与输出信号之间存在一定逻辑关系的电路称为逻辑电路，它是构成数字电路的基本单元。逻辑电路的最基本单元电路是门电路和触发器。

门电路在满足一定条件时，允许信号通过，否则就不能通过，起着"门"的作用，故常称逻辑门。基本的门电路有"与"门、"或"门、"非"门等。

门电路的输入、输出信号是用电平的高低来表示的，而电平则表示两个电量（电压、电流、功率）之间的相对大小。在逻辑电路中，电平的高低是相互对立的逻辑状态，通常用逻辑 1 表示高电平，逻辑 0 表示低电平，称为正逻辑，反之称为负逻辑。本书均采用正逻辑。

一、与门的相关概念

决定某事件发生的所有条件都具备时，该事件才会发生，这种逻辑关系称为与逻辑关系。与门是实现与逻辑关系的门电路，这种逻辑关系可用图 6-6 （a）所示的例子说明。电路中用两个开关串联，共同控制一盏电灯。只有当两个开关都闭合时，电灯才亮；只要其中一个断开，电灯就不亮。图6-6（b）所示为与门逻辑符号，图6-6（c）为与门工作波形图。

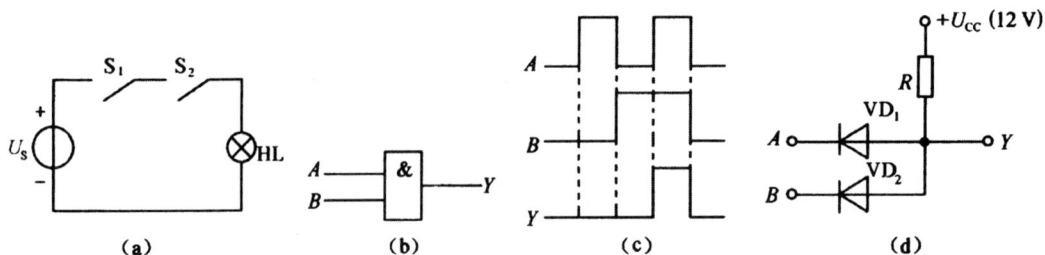

（a）与逻辑控制电路；（b）与门逻辑符号；（c）波形图；（d）二极管与门电路

图6-6　与门电路及符号

图6-7（d）所示为二极管与门电路。A、B 两端为输入端，Y 为输出端。A、B 两端有一端为低电平时，对应的二极管导通，输出端被钳制在低电平。只有当 A、B 两端均为高电平时，输出端才为高电平。

与逻辑的表达式为

$$Y = A \cdot B$$

表6-2为与逻辑真值表。

表6-2　与逻辑真值表

输　　入		输　　出
A	B	Y
0	0	0
0	1	0
1	0	0
1	1	1

与门电路的输入端可以不止两个，其逻辑关系可以总结为："见0得0，全1得1"。

二、或门的相关概念

决定某事件发生的几个条件中，只要有一个或一个以上的条件具备，该事件就发生，这种逻辑关系称为或逻辑关系。

如图6-7（a）所示的电路，两个开关并联，再与一盏灯串联接在电路中，只要其中有一个开关闭合，电灯就会亮，开关闭合和灯亮即为或逻辑关系。图6-7（b）所示为或逻辑符号。

图6-8是实现或逻辑的二极管或门电路。设输入高电平为3V，低电平为1V。只要输入端至少有一个是高电平，就会有一个二极管先导通，若忽略管压降，输出端 Y 就被钳制在输入信号的高电平；只有在所有的输入端都是低电平时，Y 点才输出低电平。

或逻辑的表达式如下

$$Y = A + B$$

表6-3为或逻辑真值表。

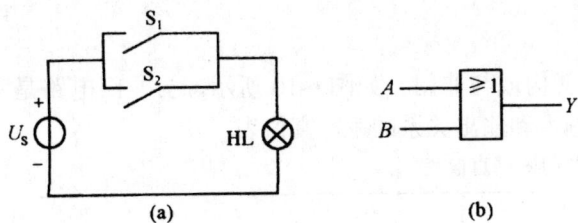

（a）或逻辑控制电路；（b）或逻辑符号

图6-7 或逻辑关系及符号

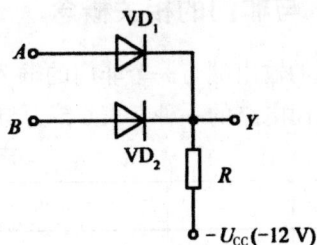

图6-8 二极管或门电路

表6-3 或逻辑真值表

输 入		输 出
A	B	Y
0	0	0
1	0	1
0	1	1
1	1	1

或逻辑关系可以总结为："见1得1，全0得0"。

三、非门的相关概念

条件与结果的状态总是相反，这种逻辑关系称为非逻辑。也就是说，在非门电路中，输入信号为低电平时，输出信号为高电平；输入信号为高电平时，输出信号为低电平。非门电路是一种单端输入、单端输出的电路。

图6-9（a）所示为非逻辑关系的简单例子。开关S与电灯并联接在电路中，S闭合时，电灯不亮，开关S断开时电灯反而亮了，这就是非逻辑关系。所以非门电路又称为反相器。图6-9（b）所示为其逻辑符号。

非逻辑也称逻辑非，其表达式为

$$Y = \bar{A}$$

表6-4为非逻辑真值表。

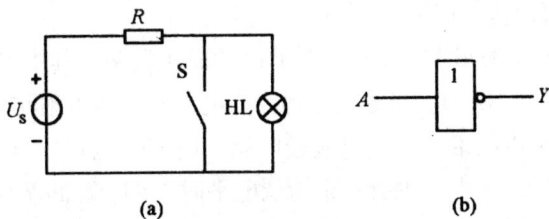

（a）非逻辑控制电路；（b）非逻辑符号

图6-9 非逻辑关系及符号

表6-4 非逻辑真值表

A	Y
0	1
1	0

非逻辑关系可总结为："见0得1，见1得0"。

四、与非门的相关概念

与门的输出端与一个非门的输入端相连就构成与非门，如图6-10所示。与非门电路是组合逻辑门电路的一种，表6-5为与非门的输入和输出关系的逻辑真值表。

表6-5 与非门逻辑真值表

A	B	Y'	Y
0	0	0	1
0	1	0	1
1	0	0	1
1	1	1	0

与非门的逻辑表达式为

$$Y = \overline{A \cdot B}$$

与非门的逻辑关系为："见0得1，全1得0"，即输入端全为高电平时，输出端为低电平；只要输入端中有一个低电平时，输出端即为高电平。

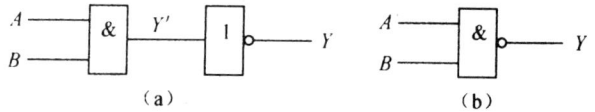

（a）与门和非门组成的与非门电路；（b）与非门逻辑符号

图6-10 与非门

五、集成与非门的相关概念

随着集成电路技术的发展，各种门电路已普遍采用集成电路，且每个集成块包含多个门电路。实际应用中的TTL（晶体管—晶体管逻辑电路）与非门电路就是在与门电路后加上一个非门的集成电路，它是数字电路中最基本的单元电路，利用TTL集成电路可以构成各种基本电路。

图6-11（a）是与非门的简化电路，其中VT_1是多发射极晶体管，其等效电路如图6-11（b）所示。当输入端均为高电平时，各发射结均处于反向偏置状态。电源通过R_1和VT_1的集电结给VT_2提供基极电流，使VT_2饱和导通，若忽略VT_2的压降，输出端电位为0 V。当输入端中至少有一个为低电平时，VT_1管的基极电位V_{b1}被钳制在0.7 V左右，使VT_2管截止。输出端Y的电位为高电平。TTL与非门的逻辑符号如图6-11（c）所示。

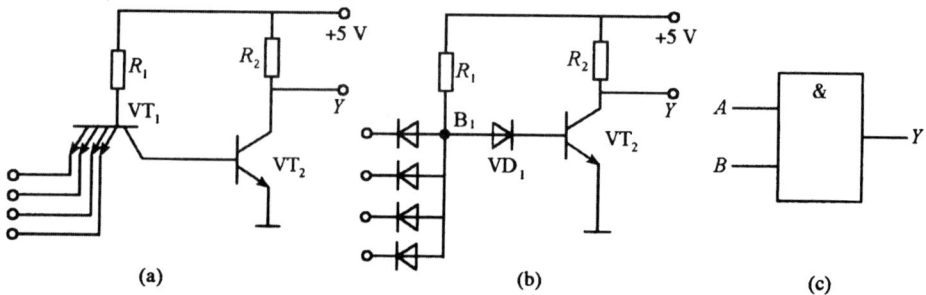

（a）TTL与非门简化电路；（b）等效电路；（c）逻辑符号

图6-11 TTL与非门电路

第四节　集成触发器的结构及应用

处理数字信息时，常需将信息存储、记忆。触发器就是一种具有记忆功能的逻辑电路，它具有两个稳定状态，分别用来表示逻辑 1 和逻辑 0，又称双稳态电路。在触发信号的作用下，两个稳定状态可以相互转换，或称翻转，触发信号消失时，电路则将新的状态保存下来。

若在组合逻辑门电路中接入触发器，则电路的输出不仅取决于输入，也取决于输入信号作用前电路的状态，这样的电路称为时序逻辑电路，简称时序电路。

在由触发器组成的时序电路中，寄存器、计数器和数码显示电路都是最基本的单元电路。

按逻辑功能的不同，触发器有基本 RS 触发器、同步 RS 触发器、主从型 JK 触发器、D 触发器、T 触发器等。

一、基本 RS 触发器

基本 RS 触发器结构简单，是构成各种实用的触发器的基础。

1. 电路组成

与非门的输出端与输入端交叉反馈相接，就构成了基本 RS 触发器，图 6-12 所示为它的逻辑图和逻辑符号。图中，R、S 为输入端，$\overline{Q}$、Q 为输出端。

通常把输出端的状态规定为触发器的状态。$Q=0$ 与 $\overline{Q}=1$ 时，称触发器处于 "0" 态；$Q=1$ 与 $\overline{Q}=0$ 时，称触发器处于 "1" 态。在稳定时，触发器的两个输入端总是一个为 1，另一个为 0，保持相反（互补）状态，这是记忆的基础。要实现上述两个稳态的互相转换，必须外加适当的触发信号。

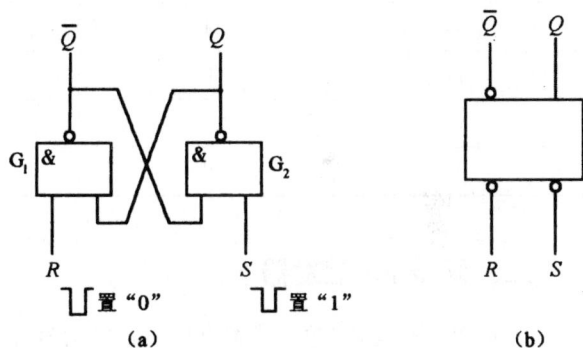

（a）逻辑图；（b）逻辑符号

图 6-12　基本 RS 触发器

2. 逻辑功能

在初态为 0 的情况下，根据输入端 R、S 的四种可能情况，基本 RS 触发器的逻辑功能如下：

● $R=0$，$S=1$ 时，G_1 门上的 R 输入端为 0，故输出 $\overline{Q}=1$；而 G_2 门的输入端全是 1，故输出 $Q=0$，即触发器处于 0 状态。这种状态称为置 0 或复位，输入端 R 称为置 0 端或复位端。

● $R=1$，$S=0$ 时，G_2 门有一输入端为 0，故输出 $Q=1$，而 G_1 门的输入端全是 1，故输出 $\overline{Q}=0$，即触发器处于 1 状态。这种状态称为置 1 或置位，输入端 S 称为置 1 端或置位端。

可知，在 R 端或 S 端加一个负脉冲（低电平）时，RS 触发器翻转，这是触发器的翻转功能，此负脉冲称为触发脉冲。在图6-12（b）所示的逻辑符号中，输入端靠方框处画一小圈，表示该触发器负脉冲输入有效或低电平输入有效，且有时输入端用 R、S 表示。又因 Q 与 $\overline{Q}$ 状态相反，故输出端 $\overline{Q}$ 也标一个小圈。若是正脉冲触发则不加小圈。

• 当 R、S 全为1时，输出将与触发器原来的状态有关。若触发器的原状态为 $Q=1$（$\overline{Q}=0$），则 G_1 门输入全为1，故输出 $\overline{Q}=0$，使 $Q=1$；若触发器的原状态为 $\overline{Q}=0$（$Q=1$），则 G_2 门输入全为1，故 $Q=0$，使 $\overline{Q}=1$。由此可知，这时触发器保持原来的状态。

可知，在正常工作条件下，有触发信号时（低电平有效），触发器翻转；触发信号消失后（恢复到高电平），触发器的状态保持不变，这就是触发器的记忆功能。

• 当 R、S 全为0时，G_1、G_2 两门都有为0的输入端，所以它们的输出端 Q、$\overline{Q}$ 全为1。这时触发器的状态既不属于0态，也不属于1态，也就是说，如果输入信号消失，触发器的状态将无法确定，即触发器处于不稳定状态，这种情况是不允许的。

基本RS触发器的逻辑状态列于表6-6中。图6-13为 RS触发器的工作波形。

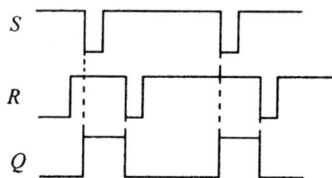

图6-13 基本RS触发器工作波形

表6-6 基本RS触发器的逻辑状态表

R	S	Q	逻辑功能
0	1	0	置0
1	0	1	置1
1	1	原状态	保持
0	0	不定	应禁止

二、同步RS触发器

基本RS触发器的输出状态直接由触发信号控制，而在实际应用中，一个数字系统常有多个触发器，要求各触发器能在某一时刻协调一致地变化。可以给系统加一个外加时钟脉冲（简称 CP），使各触发器根据时钟脉冲的标准节拍，按一定的顺序同步翻转，它像时钟一样，提供各触发器准确的翻转时间，所以称为时钟脉冲，又称控制脉冲。而翻转到什么状态，仍由 R、S 决定。由时钟脉冲控制的触发器称为同步触发器，又称为钟控触发器，同步是指触发器状态的改变与时钟脉冲 CP 同步进行。同步触发器的触发方式有高电平有效和低电平有效两种。

1. 电路组成

图6-14所示为同步RS触发器的逻辑图和逻辑符号，G_1、G_2 组成基本RS触发器，G_3、G_4 组成导引门电路，CP 为时钟脉冲信号，高电平有效。

2. 逻辑功能

（1）当 $CP=0$ 时 导引门被封锁，G_3、G_4 的输出都为1，基本RS触发器维持原状态。

（2）当 $CP=1$ 时 导引门畅通，G_3、G_4 的输出就是 R、S 信号取反，同步RS触发器按基本RS触发器的规律变化，只是 R、S 需要输入正脉冲，通过导引门后才能转换成基本触发器所需要的负脉冲。根据与非门的逻辑关系，可以列出钟控：RS 触发器的逻辑状态表，见表 6-7，表中符号 "×" 表示取 0 或取 1 均可。图 6-15 为其工作波形。

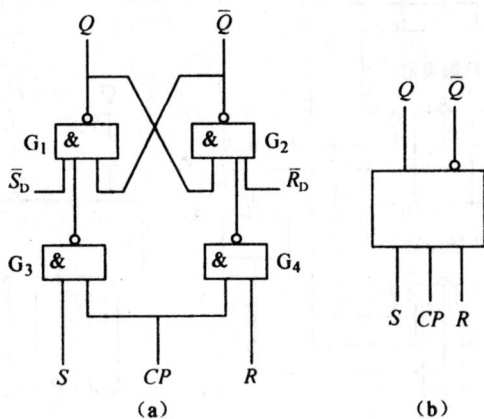

（a）逻辑图；（b）逻辑符号

图 6-14　同步 RS 触发器

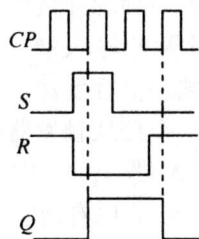

图 6-15　同步 RS 触发器工作波形

表 6-7　同步 RS 触发器的逻辑状态表

CP	R	S	Q	逻辑功能
0	×	×	原状态	保持
1	0	0	原状态	保持
1	0	1	1	置 1
1	1	0	0	置 0
1	1	1	不定	应禁止

（3）初始状态的预置　同步 RS 触发器中的基本触发器，通常设有直接置位端 $\overline{S}_D$ 和直接复位端 $\overline{R}_D$（均为低电平有效），使用时采用负脉冲可直接作用于基本 RS 触发器，使其置 1、置 0，以实现触发器的清零或预置数，其作用不受 CP 的限制，所以 $\overline{S}_D$、$\overline{R}_D$ 又称为异步输入端（R、S 又称为同步输入端）。不使用时应将它们都接高电平，即悬空。

R、S 全为 1 的输入组合是没有使用意义的，也是应当避免的。因为当 $CP = 1$ 时，若 $R = S = 1$，则导引门 C_3、C_4 均输出 0 状态，使 $Q = \overline{Q} = 1$，当脉冲过去之后，触发器恢复成何种稳态是随机的。

同步 RS 触发器的结构虽然简单，但有两个严重缺点：一是有不确定态；二是触发器在 CP 作用期间有可能发生空翻现象，从而失去同步的意义。所以，它在实际应用中受到一定的限制。

三、主从型 JK 触发器

图 6-16 所示为主从型 JK 触发器的逻辑图和逻辑符号，逻辑符号中的 CP 端输入加小圆圈表示下降沿触发，无小圆圈时表示上升沿触发。J、K 为输入控制端。$\overline{S}_D$、$\overline{R}_D$ 为预置端，二者均为低电平有效，它们不受时钟脉冲 CP 的控制，主要用于在工作前或工作过程中强制复位和置位，不用时应使其处于高电平或悬空。

主从型 JK 触发器由两个同步 RS 触发器组成，分别称为主触发器和从触发器，将从触发器的输出反馈到主触发器的输入，以消除输出的不确定状态。此外，还通过一个非门将两个触发器的时钟脉冲端连接起来，使主、从触发器的时钟脉冲极性相反。CP 为时钟脉冲输入端，J、K 为控制输入端。主触发器 J 端有两个输入，一个接从触发器的 $\overline{Q}$，一个是输入端 J，它们是"与"的关系；K 端也有两个输入，一个接从触发器的 Q，一个是输入端 K，它们也是"与"关系。

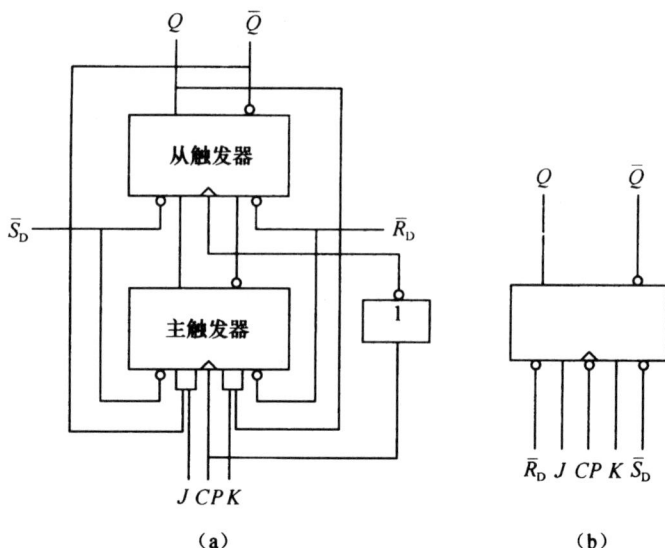

（a）逻辑图；（b）逻辑符号图

图 6-16　主从 JK 触发器

时钟脉冲作用期间，即 $CP = 1$ 时，非门的输出为 0，故从触发器被封锁，其状态保持不变，主触发器的状态由输入信号 J、K 和从触发器的输出决定，但它没有不确定状态。这时，主从 JK 触发器的状态保持不变。

当 CP 从 1 下跳变为 0 时，主触发器被封锁，其状态保持不变。而这时非门的输出为 1，从触发器的输出将依据主触发器的输出状态而变化，主触发器保存的状态传送到了从触发器中。

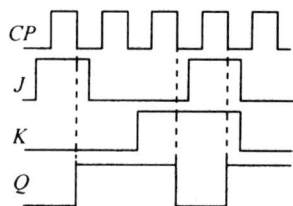

图 6-17　主从 JK 触发器工作波形

表 6-8 所示为主从 JK 触发器的逻辑状态表。图 6-17 所示为其工作波形。

表 6-8　主从 JK 触发器的逻辑状态表

J	K	Q	逻辑功能
0	0	原状态	保持
0	1	0	置 0
1	0	1	置 1
1	1	$\overline{Q}$	翻转

主从 JK 触发器在 CP 由 0 变为 1 时，从触发器被封锁，其状态不变，只是将输入信号接收进来而不翻转，等到 CP 由 1 回到 0 时才翻转，这种工作方式称为下降沿触发。此时，虽然 Q、$\overline{Q}$ 的状态改变，但 CP 为 0，所以不会发生多次翻转。

四、D 触发器

D 触发器也是一种应用很广的触发器，它只有一个同步输入端。图 6-18 所示为 D 触发器的逻辑符号，CP 处不加小圆圈，表明触发器是由 CP 脉冲的上升沿触发。表6-9 为 D 触发器的逻辑状态表。图 6-19 所示为其工作波形。

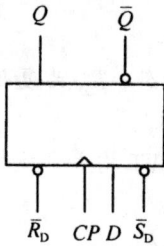

图6-18　D 触发器的逻辑符号

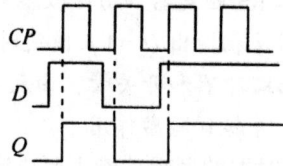

图6-19　D 触发器工作波形

表6-9　D 触发器的逻辑状态表

D	Q	逻辑功能
0	0	置0
1	1	置1

　　D 触发器的功能是在时钟脉冲作用后，使触发器状态与输入端 D 的状态相同。

　　D 触发器通常采用维持阻塞结构，所以无不确定状态，也不会发生多次翻转。

　　D 触发器的状态只取决于 CP 到来之前 D 输入端的状态，而 D 端的新状态必须等到下一个 CP 到来时，才能传送到触发器的输出端，这表明 D 触发器有延迟（Delay）作用，它能提供一个 CP 脉冲周期的延迟，所以，D 触发器又称为延迟触发器，D 为 Delay 缩写。

五、555 定时器电路

1. 555 定时器的结构及逻辑功能

　　555 定时器是一种模拟电路和数字电路相结合的器件，其内部电路结构如图 6-20 所示。555 定时器电路由三部分组成：

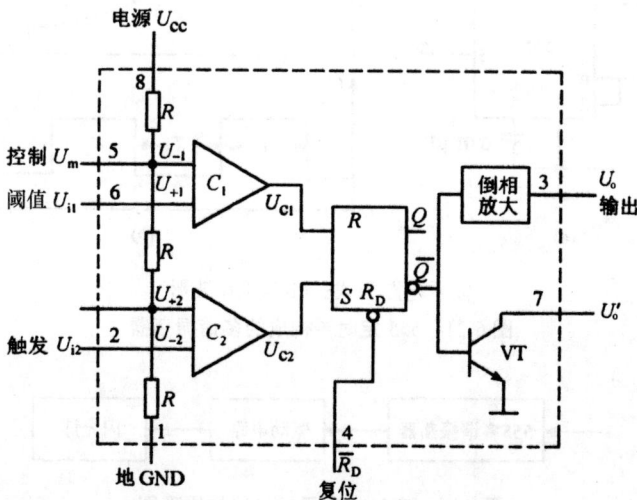

图6-20　555 定时器电路结构和引脚图

● 电阻分压器和电压比较器由三个等值的电阻 R 和两个集成运放比较器 C_1、C_2 构成。电源电压 U_{CC} 经分压取得 U_{+2}、U_{-1} 作为比较器的输入参考电压，在无外加电压 U_m 时，$U_{+2} = \frac{1}{3}U_{CC}$、$U_{-1} = \frac{2}{3}U_{CC}$；外加电压 U_m 可改变参考电压值。

● 基本 RS 触发器，由比较器输出电位 U_{C1}、U_{C2} 控制其状态。R_D 为复位端，当 $R_D = 0$ 时，触发器反相输出 $Q = 1$，使定时器输出 U_m，同时使 VT 导通。

● 输出缓冲器和开关管，由反相器和集电极开路的三极管 VT 构成。反相器用以提高带负载能力，并起到隔离作用。

555 定时器的逻辑功能主要决定于比较器 C_1、C_2 的工作状态。

在无外加控制电压 U_m 的情况下，当 $U_{i1} > U_{-1}$，$U_{i2} > U_{+2}$ 时，比较器输出 $U_{C1} = 1$、$U_{C2} = 0$，触发器置 "0"，$Q = 1$，使定时器输出 $U_o = 0$，同时使 VT 导通，U'_o 对地导通，此时定义为定时器的 "0" 状态。

当 $U_{i1} < U_{-1}$，$U_{i2} < U_{+2}$ 时，比较器输出 $U_{C1} = 0$、$U_{C2} = 1$，触发器置 "1"，$\overline{Q} = 0$ 使定时器输出 $U_o = 1$，同时使 VT 截止，U'_o 对地断开，此时定义为定时器的 "1" 状态。

当 $U_{i1} < U_{-1}$，$U_{i2} > U_{+2}$ 时，比较器输出 $U_{C1} = 0$、$U_{C2} = 0$，触发器维持原状态。

2. 自激多谐振荡器组成的信号灯闪光电路

多谐振荡器是一种能自动产生脉冲波的振荡器，所以也称矩形波发生器，用 555 定时器构成的多谐振荡电路如图 6-21（a）所示。

图中电容 C、电阻 R_1 和 R_2 作为振荡器的定时元件，决定着输出脉冲的宽度，工作波形如图 6-21（b）所示。

由自激多谐振荡器和触点开关构成的电子闪光器原理图如图 6-22 所示。

接通转向灯电路，可由自激多谐振荡器输出的矩形波脉冲信号去控制灯一亮一灭的闪光。其闪光频率由矩形波脉冲宽度决定。

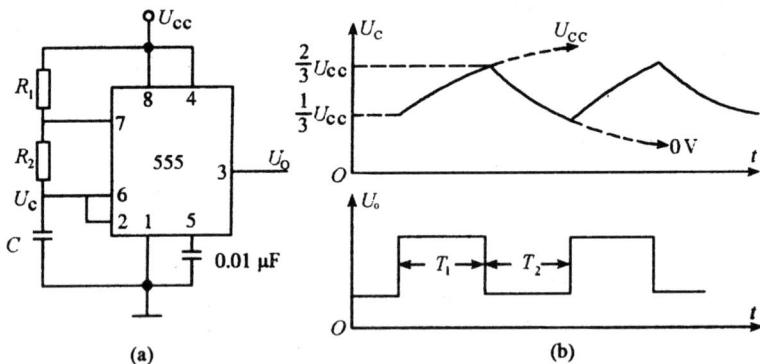

（a）电路形式；（b）工作波形

图 6-21　555 定时器构成的多谐振荡器

图 6-22　有触点电子闪光器的原理图

每章一练

一、填空题

1. 电子电路分为_____和_____。

2. 正弦波电压或电流可以用_____、_____和_____三个参数来表征其变化特征。

3. 对数字系统而言，使用最为方便的是按_____编制代码。

4. 晶体三极管的输出特性有三个区域，即_____、_____和_____。

5. 与门电路的逻辑关系可以总结为："_____"。

二、判断题

1. 非门电路是一种单端输入，单端输出的电路。　　　　　　　　　（　　）

2. 与非门的逻辑关系为："见0得1，见1得0"。　　　　　　　　　（　　）

3. D触发器是一种应用很广的触发器，有两个同步输入端。　　　　（　　）